鹿砦社 LIBRARY 011

シニアライフ入門

「第二の人生」の生活術

足立紀尚 著

鹿砦社

はじめに

ここにきて、生涯現役ということが言われるようになった。年金は受給の年齢が先送りされて、なかなかリタイアできない。政府は、1億総活躍社会という言葉を無理やりつくって、高齢社会をなんとか回してゆこうとしている。

だからといって、シニア社会であることは変わらない。年を取ったシニアと呼ばれる世代が、超高齢社会を生きてゆくことに変わりはないのだ。

シニアには、シニアとしての、生きてゆくためのスキルがある。若いときのように、元気さだけで乗り切ろうとしても、それは無理というものである。

肩に力が入り過ぎていては、なかなかうまくゆかない。むしろ、力を抜いて、楽な気持ちで、シニアライフに向き合うくらいのほうが、ちょうどなのである。

本書は、そんなシニアライフの心構えとスキルが、具体的な事例とともに紹介してある。登場している人たちは、原則として仮名である。

充実したシニアライフの参考になれば、これに勝るさいわいはない。

シニアライフ入門　もくじ

第5章 それぞれのシニアライフと「課題」

第1章

シニアに必須の「ご隠居のスキル」

シニアとして快適に過ごすには、そのための技術を身にまとう必要がある。いわば、ご隠居のスキルである。これは、若いときの生活スタイルや発想とは、まったく違ったものなのである。若いときのように勢いだけで乗り切ろうとするのではなくて、心に余裕をもって、また日々を過ごすためのノウハウのようなものも必要だろう。

その1　「自分史」を書いてみる

定年シニアにとっての第一歩は、自分史を書くことである。

本格的な自分史が書ければ、それに越したことはないが、冊子のように薄くても、べつにかまわない。大事なのは中味があることだからだ。

自分史を書くことを勧める理由は、これまでの自分の来し方を振り返る機会になるわけで、それがこれからのシニア生活を過ごすうえで、間違いなく役立つことになるからである。

いわば、これまでの人生の棚卸しである。そこから、自分がやるべき課題といったものが見えてきて、これから過ごしてゆくシニアライフのヒントのようなものが得られれば、しめたものである。

また、定年後は時間があり余っている。ただ漠然と過ごしていても、なかなか時は流れてくれない。何かに打ち込む対象というのは必要だ。

この点、自分史を書くためには、時間を要するし、根気も必要だ。自分史の原稿を書いたり直したりしているうちに、仕事を離れた生活を過ごすリズムといったものもつかめてくるのではなかろうか。

◇

宮原琢巳さんは、定年になって7年かかって、自分史を書き上げた。人生のいろいろな記憶をまとめたものである。子どもの頃の思い出から始まって、少年時代に見聞きした戦時中のこと、公務員になってからのこと、結核になって療養生活を送っていたときのことなどが中心となっている。

宮原さんには、10代の頃から日記をつける習慣があった。それでも、いきなり書くことはしなかった。通信教育の自分史講座に申し込んで、月に一度、出される課題に合わせて、原稿を書いてゆく。

書くのは一回あたりが10枚である。宮原さんには、書きたいことが山のようにあったから、いつも削りに削って、何とか10枚に収めていた。

この自分史講座を3年と少し続けているうちに、書きためてきた原稿がそこそこの分量になってきた。ざっと400枚近くある。

自分とは直接、関係のない人にも、その内容が伝わるように、宮原さんは、あえて時系列順ではなくて、テーマ別にした。第1章「最近のこと」、第2章「結核闘病記」、第3章「戦中日記」、第4章「死んだ人」、第5章「エピソード」といった構成である。

そうした内容のものを、東京都内にある自費出版を手がける出版社で本にした。自分史講座から紹介された、自費出版を手がける専門の出版社で、300冊を印刷した。

刷り上がったところで、その半分くらいを、友人や親戚、在職中に世話になった人たちに送った。自分の人生をテーマに、まずは1冊の本にするという所期の目的が達せられた、という満足感があった、と宮原さんは語る。

◇

宮原さんの事例で見たように、文章の構成には、時間が流れる順番に並べる時系列と、トピック順に見せるテーマ別の2種類があるが、ほかにも、書き方の基本的な技術を理解しておくことが必要だ。

まずは事実と自分の意見を分けて書くことである。何が起こったか、その出来事を具体的に書いてから、そののちに自分が、どう思ったかを書いてゆく。

事実だけを書き記したのでは、淡々としすぎて、読み手は、どのように受け取って理解すればよいのかがわからない。自分の意見のみでは、説得力に欠ける。

また、このふたつは、具体的記述と抽象的記述と言い換えてもよい。具体的な事例があるから、抽象的な分析も重みを増すのである。

そのほかにも、以下、基本的な表現法について列挙しておこう。

《比較する》

物事は、何かと比べることによって、その本質が明らかになることが多い。誰もが知っている比較する対象をもってくることによって、伝えようとするイメージが、より具体的に、読み手の側に伝わってゆく。

この比較する方法を活用して、正反対の性質をもつものをもってくることで、対立の構図が生まれる。これを発展させたものに、対立の止揚というものもある。対立するふたつのものについて、その価値を認めて、両者を融合し調和させ、もとのところを超えた第三のところに真実があるとする、いわゆる弁証法思考によって意見を提示するというものだ。

《定義する》

それが何かを説明するときに使われる。例えば、読み手が知らない言葉の意味を説明するとき、あるいは、いろんな意味に使われている言葉を、ある意味に限定して使おうとするとき、さらには一般的に使われている意味とは違った新しい意味で、ある言葉を使おうとするときに用いる。

《原因と理由の追究》

物事を説明するには、まずそれが何か（What）、それはどんな状況か（How）が述べられなければならない。それにも増して重要なのは、なぜそうなのか（Why）という、その原因や理由について述べることである。
原因や理由を述べる必要が出てくるのは、次の三つの場合がある。一つ目は、自分の意見を述べる場合。二つ目は、あることが成功したり、失敗した場合。三つ目は、あることについて、深い理解に至ることを目指す場合である。

《分析、分類する》
分析も分類も、ものごとを分けるという意味では同じである。分析は、一見すると、ひとつの塊に見える対象を、その構成要素に分けて全体を明らかにしようとする。これに対して、分類は、雑然としていて、それぞれ別個に存在しているように見えるもののあいだに共通点を見つけて、グループ化するなどして、その全体像を明らかにしようとするものである。

《描写する》
そこにある対象の名前を言っただけでは、具体的にとらえて、読み手に伝えられているとは言えない。目に見えるように伝えるためには、まず対象をよく観察して、その形や色、手触り、その他の細かい点について書く必要がある。。
例えば、美しい自然について伝えるためには、その具体的な事実が述べられていなければならない。人間の描写についても同じである。写真や映画で見るカメラワークが参考になるだろう。

《喩える》
記述しようとする対象と似ている、いっそう具体的なイメージをもつ別な物や状況によって表現しようとすることである。読み手は、これによって、いっそう明瞭で生き生きとした印象を与えられることになる。ただし、適切さと新鮮さが必要だ。どんなに適切であっても、使い古された比喩は、訴える力が弱い。

これら文章表現についての基本的スキルを知っておいて、ことさら意識して書いてゆけば、ただ漫然と書いているよりは、ずっと奥の深い自分史が書けるはずである。

じっさいに自分史を書く際には、自分自身を思い切り表現し、随想を書くように、そして書くことを楽しむのがコツである。

その2　「散歩」と行きつけの「喫茶店」

堀彰夫さん（67歳）は、定年になった頃から、日課として散歩を自分に課するようになった。

若い頃には、マラソンやジョギングなどをしてきた堀さんだが、定年後は、月に1、2回、平日のゴルフを楽しむ程度。加齢とともに、足腰が痛くなって、ジョギングもままならなくなった。

運動不足による体力の衰えを痛感してきたため、始めた散歩だったが、意外な効果があった。日々の生活のリズムが掴めるようになってきたのだった。

じつは、はじめに堀さんが始めたのは、ウォーキングだった。

朝食を摂ってからの午前10時頃と、夕方の午後4時頃に家を出る。小1時間かけて、決まったコースを早足で周回する。そんな生活に切り替えたところ、気持ちが前向きになってきた。

だが、若い頃から続けてきた運動のせいだろうか。1日1万歩という目標を立てて、万歩計を腰に付けてのウォーキングをしていても、なんだかつまらないのである。これでは、決められたルーティンをこなしている日々のように思えた。

そこで、いまは万歩計を外して、時間もコースも決めずに、その日の気分で、ぶらぶらと歩く方法に切り替えた。すなわち、ウォーキングではなくて、散歩である。

すると思いがけず深い世界が見えてきた。まず自分が長年住んできた四季の移ろいについて、目がゆくようになった。家の庭先で手入れをしている人、子どもを保育園に連れて働きにいく人の姿など、人々が生活している様子に興味をそそられる。そうした周囲の環境にも、目に留まる余裕もでてきたのだった。

いまでは、妻を誘って歩きに出かけることも多くなった。夫婦間の会話も増えて、会話力のアップと夫婦円満にもつながっていると話す。

◇

こんな具合に、散歩には、さまざまな効用がある。何よりも、歩くことによって、脳が活性化すると言われている。

この散歩は、さきに紹介した、自分史を書くということとも、たいへん相性がよい。それというのも、書くという行為は、ただ机に向かって、うんうん唸っておれば、すらすら書くことが出てくるというものではないからだ。むしろ、歩いているときに、ふっと書くべきアイディアが生まれてくることが多い。

作家の山口瞳さんも、散歩を日課のひとつにしていた。仕事場にしている自宅を出て、散歩道にしているコースがあった。その途中に「ロージナ茶房」という喫茶店があった。ロージナ茶房は、いまもJR国立駅の南口に存在する老舗の喫茶店だ。2階の広々としているスペースは、近くにある一橋大学の学生たちでにぎわっている。

山口さんは、このロージナ茶房では、いつも1階の一番奥のテーブル席に座っていた。座る席まで決まっていたのである。

作家だけではない。知られたところでは、ドイツの哲学者、イマヌエル・カント（1724～1804）がいる。彼が散歩する際の時間の正確さは有名で、彼を見かけたひとは、その姿を見て時計の針を直したと言われる。

べつに散歩でなくても、かまわない。フルートのような楽器を持って、決まった時間に公園に行って練習するとか、そういうことでも、生活リズムをつくるきっかけになるだろう。じっさい、そうしたことを続けているうちに、近隣の老人ホームから演奏に来てくださいと依頼を受けて、思いがけずボランティアをすることになったひともいる。

◇

じっさい、家の近くを散歩することは、やってみると、思いのほか楽しいものである。サラリーマン時代には、会社と行き来していただけで、近所は散髪屋と本屋くらいしか行ったことがなかったという人は、意外と多い。そういうひとほど、新しい発見がたくさんあることだろう。

いくつか、お気に入りの散歩道を決めておいて、その日の気分や体調に合わせて、ぶらぶらと歩く。時には、どんどん歩けそうだったら、さらに遠くまで歩いてみる。思いがけず、遠くまで来てしまったら、バスや電車で帰るという方法だってあるのだ。

デイパックを背負って散歩に出かけ、デジカメと手ぬぐいを入れておけば、気に入った光景を撮影することができる。撮りためた写真をブログにアップすれば、表現する楽しさが味わえる。行った先で銭湯や日帰り温泉を見つけて、ひと風呂、浴びて帰るという選択肢もあるかもしれない。

そんな散歩道で、お気に入りの喫茶店が見つかれば、もう言うことはないだろう。チェーン店のコーヒーショップではない。個人経営の喫茶店である。

最近は、スタバのようなチェーン店のコーヒーショップばかりが増えているが、そういう店では、おもしろみに欠ける。いっぽう、個性的な喫茶店を行きつけにすることは、間違いなく、人生を豊かにしてくれる。

例えば、骨董品屋を兼業している喫茶店や、コーヒー豆の焙煎をしている喫茶店などである。

前者では骨董品の蘊蓄を聴けるだろうし、骨董好きのお客さんが集まって、骨董談義に花を咲かせている。後者では、おいしいコーヒーの入れ方を教えてくれることだろう。

個性に溢れる魅力のある喫茶店というのは、魅力のある喫茶店マスターによって運営されている。

そういうところから、コーヒーに関心をもったら、豆をひいてもらったものを、自宅でおいしくコーヒーをドリップして、コーヒーという深い世界に浸るという道へとつながってゆく道もあるかもしれない。

その3　「読書」と「映画」三昧の生活

神奈川県に住む星野健さん（62歳）は、若い頃から歴史小説を読むことと、バイクのツーリングを趣味としてきた。

そんな星野さんが、定年になってから始めたことがある。司馬遼太郎の歴史小説を読んで、おもしろかった土地を何泊もしながらバイクで走る、というものである。

最初に行った本格的なツーリングは、奈良県の十津川街道だった。

十津川は吉野にも近く、いろんな歴史上の事件の舞台になってきたところである。幕末に吉村寅太郎をはじめとする尊王攘夷派が挙兵して、幕府軍に討伐された天誅組の変は、この地を舞台としている。さらに遡って南北朝時代には、護良《もりよし》親王が逃げ込んでもいる。

この地までは、すべてバイクを運転していった。東名高速から名神高速を乗り継いで大阪までひた走り、そこから奈良の五條市まで行く。さらに、十津川沿いを縫うようにして続く国道を進んで、紀伊半島に出た。そこからは名古屋経由で帰ってきた。3泊4日の快適な旅だった。

高知の檮原《ゆすはら》街道に行ったときは、さらに印象的だった。日本最後の清流として知られる四万十川の源流近くにある街道である。幕末に坂本龍馬が宇和島方面に脱藩したときの道として知られている。

このときは、せっかく遠方まで来たわけだからと考えて、ただバイクで走るだけではなく、脇道に逸れて、四万十川の源流地まで行ってみたり、当時の志士が脱藩した道をバイクで走ってみたりした。

その内容を、メモにとったり、デジカメに収めたりして、自分のブログで旅日記として公開している。小説を読むだけでなくて、じっさいに旅をして、さらには、あとでまとめるという目的があるわけで、それがあるのとないのでは、読書の中味もぜんぜん違ってくるのだと語る。

星野さんがやっているのは、いわば目的とテーマのある読書術だが、この方法は、さきの自分史を書くときにも、そのまま活用できる。例えば、ある人物について書かれた自伝や評伝をまとめて読むというものだ。

◇

実在したある人物を題材にした評伝や評伝小説の類いを読んでみるのである。自叙伝でもかまわない。黒澤明の映画が好きな人なら、その自叙伝『蝦蟇《がま》の油』を読んでみる。植物学が好きだったら、さしずめ『牧野富太郎自伝』あたりになるだろうか。クラシック音楽好きには、小澤征爾『ぼくの音楽武者修行』といったものがあるだろう。

そして、その内容を理解することも大事だが、どのように書かれているかを念頭においで目を通す。それと同時に、目次や構成がどのようになっているかも確認しながら読むのである。

自分史を書くにあたって、いきなり書き始めるのではなくて、そうしたものを何冊か読んでいるうちに、自分史や自伝を書くコツみたいなものが掴めてくるはずだ。

もちろん、ずっと読みたかった本を片っ端から読んでゆくという方法はあってもよい。利害や利益にとらわれることなく、純粋な気持ちで読書を続けられれば、それに越したことはない。

だが、じっさいには、そんなひとは、ごく限られた稀なケースでしかないのではないか。人間は、漠然とした目的では、継続して何かをおこなうことは難しいからである。

◇

これと似たことは、そのまま映画にも言えるだろう。

たしかに、定年になって、あり余るだけの時間を、映画を観て過ごすといっても、そう長続きするものではない。どんなに映画好きでも、せいぜい数カ月から半年くらいが関の山だろう。

そこで、例えば評伝映画に的を絞ってみる。実在の人物や、それに関係したエピソードをもとに制作された映画をまとめて観てゆくことで、自分史を書く際のヒントとするのである。

いや、べつに自分史と関係がなくてもよい。読書もそうだが、よい映画を観ることは、自分自身の人生にとって、有益なヒントと発見をもたらしてくれるものだからだ。

例えば、クラシック音楽好きのひとには『アマデウス』がお勧めである。ご存知、天才作曲家のウォルフガング・モーツァルト（1756〜1799）の半生を、やはり実在した宮廷音楽家、サリエリの視点から描いた大作である。

『ココ・アヴァン・シャネル』は、女性向けの服飾ブランドとして知られるシャネルの創設者であり、20世紀を代表するデザイナー、ココ・シャネル（1883〜1971）の生涯にスポットを当てた作品である。

シャネルの評伝映画は、これを含めて4本が制作されている。シャネルや服飾好きのひとなら、4本すべてを観比べてみては、いかがだろうか。

さらにもう1本。『カポーティ』は、小説『ティファニーで朝食を』などの作品で知られる、アメリカを代表する作家であるトルーマン・カポーティ（1924〜1984）が、傑作ノンフィクションとして知られる『冷血』を取材して書き上げるまでを描いている。

まさに、すぐれた1本の映画には、内容の濃い人生がぎっしりと詰まっているものである。

なお、この本の巻末には、定年シニアの生活に役立ちそうな書籍の一覧を入れている。ご参考いただければ、さいわいである。

その4　本格的な「バー」の常連になる

京都の四条から寺町通りを上がった商店街の並びに、そのバーはある。

名前を「サンボア」という。このバーには、夕食を終えた時刻になると、徒歩や自転車でやってきたひとたちが入ってゆく。

川村聡さん（60歳）が、はじめてこの店を訪れたのは、20代の頃である。

断っておくが、河村さんは、地元の人間ではない。大阪、東京、神戸と転居を繰り返す転勤族だった。仕事で京都を訪れた際に、ぶらりと、この店に入ってみた。すると、軽いカルチャーショックを受けたのだった。

バーはスタンドともいう。バー発祥の地であるアメリカでは、もともと椅子がなく、立ったまま飲むものだったことからきている。したがって、本来は、長々と何時間も粘って、べろんべろんになるまで飲むものではない。

また、カウンター席のテーブルに肘をついてはいけない。お通しに出されたピーナツの皮は、皿にとるのではなく、足下の床に落とすといった具合に、老舗バー特有のマナーを、マスターから教わったのだった。

じっさい、このサンボアは、日本のバーを代表する老舗のバーである。前身は１９１８年に、神戸の花隈《はなくま》に開業したミルクホールから始まっている。この店で修業を積んだ者たちが、京都、大阪に、それぞれ店を出して独立を果たす。

サントリーの12年ものの角瓶ウィスキーを冷やしたソーダで割る角ハイは、戦前に大阪のサンボアで考案されたもので、いまも常連客の間で愛され続けている。現在では東京にも店があり、都合14店が営まれている。

川村さんは、その後も、サンボアに足を運んできた。

京都に行ったときには、京都サンボアに行き、大阪では梅田サンボアを訪れた。結婚して妻と京都に旅行したときには、京都サンボアに妻を連れていった。親友を案内したこともある。

京都サンボアの先代は鬼籍に入り、いまは息子さんがマスターとなってあとを継いでいる。川村さんは、はじめて入ったときに、つまみとして注文したコンビーフを食べながら、自分が過ごしてきた人生の往事をしみじみと振り返るのである。

◇

お気に入りのバーをもつことは、そのひとの人生を豊かなものにしてくれる。バーの重い扉の向こう側には、非日常の空間が待っている。

そこは、たんに酒を飲ませてくれるだけの空間ではない。お客の一人ひとりが、バーテンダーと対面して、おとなの時間を過ごす。いわば、一期一会の時間であり、街中の隠れ家である。

たしかに、本格的なバーは、なかなか、とっつきがよくない、とも思われるむきもあろう。たしかに、しきたりもあれば、バーならではのルールもある。

だが、恐るるに足りない。シニアの世代になってからでも、遅くはない。本格的なバーの世界に足を踏み入れる方法は、いくつかある。

まず、比較的に容易なのは、知り合いに連れていってもらうことである。

日頃からバーに慣れ親しんでいるひとと一緒に、そのひとが行きつけにしているバーに行く。ガイドをしてくれるひとを見習えばよい。気に入れば、また機会をあらためて来ればよい。

気になっているバーを、はじめから誰にも頼らずに、ひとりで入ってゆくという方法もある。

街を歩いていて、見つけた看板を頼りに、適当にあたりをつけながら、入ってゆくといったものである。あるいは、ネットや雑誌で紹介されていたバーに行ってみるという方法だって、いっこうに構わない。

旅先でバーを探すという場合もあるかもしれない。居酒屋で「このへんで、手頃な、よいバーはありませんかね？」と聞けば、教えてくれることが多い。

だが、その場合には、注意が必要である。バーというのは、お客との相性があるものだからだ。

バーの扉を開けてみたものの、店を一覧して、ちょっと雰囲気が違うなと思うことがある。そうした場合は、何も飲まずに、慌てて店を後にするのは、少しマズい。こういう時こそ、できるだけスマートに対応したいものである。

どこにでも置いてある、質のよい定番のスコッチやバーボンの水割りかソーダ割を1杯だけいただいて、すっと出ていくのである。

この方法なら、けっして文句は出ないだろう。それに、こちらとしても、1杯、損をしたと悔やまずに済むからである。

むろん店との相性がよいようなら、飲んだことのないカクテル類を頼んでみる、というのも、ひとつの方法だ。

◇

ただ、バーで気をつけなければいけないことはある。

くれぐれも肝に銘じておきたいのは、バーというのは、ひとりであろうと、何人か一緒であろうと、それぞれ一人ひとりが、めいめいの世界を楽しむことを前提としているということである。

したがって、群れて盛り上がるといったやり方は、バーではルールに反するものなのだ。誰かと一緒であっても、その人に寄りかかって楽しみを見つけることは、やめたほうがよい。自分自身の始末は自分でつけるという態度が望ましい。

　また、バーは、店に入ったら、その主導権は店にある。自分勝手は御法度というのが原則なのである。

　このあたりは、居酒屋や料理店とは違っている。そして、カウンターを挟んで、向き合ったバーテンダーとのやりとりや雰囲気を楽しむ、というのが基本である。

　だからといって、なにも過剰に心配をすることはない。バーテンダーとは本来、バーの世話をするひと、くらいの意味だからだ。バーテンダーは、心の病を治す夜のドクターといったひともいる。

　ルールと節度を守りながら、バーに通ってゆけば、きっと「いつものやつ」と言えば、いつも頼んでいる銘柄が出てくるようになるだろう。

　お酒の飲めない右党のむきには、似たようなものをお勧めしたい。それは音楽喫茶である。ジャズ喫茶や、クラシック喫茶の常連になることだ。

　さまざまな人生経験を積んできたシニアとしては、自宅でもない職場でもない、気が向いたときに、ふらりと立ち寄れる第三の場所としてのサードプレイスのひとつも持っておきたいところである。

その5　お気に入りの「定宿」と「温泉」

宇野順平さん（60代）は、50代を過ぎた頃から、温泉を巡ることを楽しみにしてきた。年齢が上がるにしたがって、いろいろな場所を旅するのではなくて、決まった場所を訪れるようになった。

宇野さんのお気に入りの場所は、富士山が見える山中湖の温泉と宿である。

山中湖は、富士五湖のひとつで、富士北嶺の山梨県内にある。クジラの形をした、1周が約10キロの湖だ。冬は水面が凍るほどの寒さでワカサギ釣りが有名である。

反対に、夏は、その涼しい気候のために、東京方面から大勢の避暑客でにぎわう。村内には、電鉄会社が運営する別荘地があり、いくつもの大学のセミナーハウスも集まる。

この山中湖の湖畔からほど近い場所に、村営の日帰り温泉がふたつある。山中湖温泉「紅富士の湯」と、山中湖平野温泉「石割の湯」である。

紅富士の湯では、露天風呂から、雄大な富士山の姿を眺めながら湯に浸かることができる。真冬の朝夕に、雪が積もった白い斜面が太陽の光で照らされて、鮮やかな紅色に染まった状態になる。そうしたことから、この名前がついている。

いっぽう、石割の湯は、紅富士の湯よりもアットホームな雰囲気が売りとなっており、地元でとれた野菜や農産物の加工品が並べられている。風呂の規模も小さく、総檜造りの風呂からは、本格的な温泉の雰囲気が楽しめる。

宇野さんが住む東京から山中湖までは、クルマやバスを使って1時間あまりの距離である。じゅうぶん日帰りできる距離ではある。

だが、宇野さんは、そこを、あえて地元に宿をとって、泊まりで温泉に行くのである。

宇野さんが、山中湖で泊まる宿は、いつも決まっている。

山中湖の西端にある「ホトリニテ」というゲストハウスだ。ここは、もともと健康組合の保養所だったところを、若い宿主が引き継いで、自力でリノベーションをして宿にしたものである。

宿の1階にある共用スペースには、お勧めの本が置いてあったりして、ブックカフェの雰囲気がある。館内は、和風のテイストでコーディネートされている。

この宿は、食事はなく、素泊まりのみである。そんな放っておいてくれる感に、妙な心地よさがあるのだと宇野さんは思う。

定宿があることで、帰ってきた感覚が味わえる。何度も、また来たいと思える。そんな場になるのだと語る。

◇

宇野さんのように、自然志向の人には、山や海沿いの宿や温泉がよいだろう。だが、田舎の宿や温泉ばかりが対象になるとは限らない。アーバン・リゾートを楽しむという選択肢があってもよい。

最近は、１部屋に複数のベッドが並んで宿泊するというゲストハウスが増えてきている。そうしたゲストハウスは、１泊数千円から宿泊することができる。

「ホステル ロクヨン オオサカ」も、そんなゲストハウスのひとつだ。大阪市西区にある、レトロで小さなデザインホテルである。おもにバックパッカー向けなどになっている、ベッド単位で宿泊するドミトリーのほか、個室になっている和室と洋室がある。

ドミトリーは、部屋ではなくて、ベッドを借りるのである。こうした宿は、共有スペースが充実しているため、ゲスト同士の交流が生まれやすい。

興味深いのは、ドミトリーの造りである。

部屋の何カ所かに古材が立てられており、その間に棒が通してある。隣の空間とも布で仕切られており、それぞれのスペースごとに、ベッドが置いてあるのだ。2畳ほどの各スペースの入り口には、風呂屋の入口のように、暖簾が下げられている。

建物のデザインも、ユニークである。建物の随所に置かれているのは間接照明なのだ。レトロで趣のある調度品で溢れている。

この種のゲストハウスは、もっか破竹の勢いで増えてきている宿の形態である。外国人用に京都には、数十軒のゲストハウスができている。

シニアは、新しい社会の動きを意識して取り入れないと、社会から置いていかれかねない。世の中を見聞するといったことが必要だ。そうした意味でも、こうしたゲストハウスは、格好の場になるかもしれない。

むろん、本格的な老舗の温泉宿に泊まるという方法があってもよい。

岩手県花巻市の郊外に「大沢温泉」という名湯がある。ここは、宮沢賢治ゆかりの温泉で、築２００年の建物をはじめとする風情と、美肌の湯や保湿性のある源泉掛け流しの湯があることで知られる。

ここは、男女混浴の露天風呂があることや、泊まり客が自炊して何泊もしながら湯治できる自炊部もある。古き良き時代の木造湯治宿である。

◇

山形県には「肘折《ひじおり》温泉」という風情漂う温泉街がある。山形新幹線の終着駅である新庄駅からバスに乗って、急な山道を月山方面に行った山の中にある。

この土地に降り立ったとたん、まるで昭和にタイムスリップしたような錯覚にとらわれる。

温泉の発見は古く、１２００年前にまで遡ると伝えられる。肘を折った老僧が、この温泉に浸かったところ、たちまち治ったという伝説にちなんで、この名前がついたとされる。

この新庄市は、俳人の松尾芭蕉（1644〜1694）が「奥の細道」で歩いた道筋でもある。芭蕉の句集を片手に、この土地を楽しむという方法もよいかもしれない。

若いときの旅は、慌ただしく、また目移りもして、あちらもこちらも行きたいと思うものである。これに対して、年を重ねてからの旅は、若いときに訪ねた土地の再訪であってもよいのではないか。

何の目的もなく、ふらりと定宿を訪れて、何泊もしてから、ゆっくりと帰途につく。そんな旅というのができるのも、シニア世代ならではの特権と言えよう。

第2章
「小商い」を仕事にして楽しむ

シニアには年金という生活の糧がある。だが、こればかりを頼みの綱として、ただ消費するだけの生活というのも、なんだかマンネリな日々という気がする。だからといって、定年延長による会社勤めや、本格的な起業という選択肢しかないというのでは、あまりに了見が狭すぎるというものだ。さまざまな経験を重ねてきたシニアとしては、日々の小遣いを稼ぐ感覚で、さまざまな仕事に挑戦してみるというのも、ひとつの方法だろう。

その6　「プチ起業」して小銭を稼ぐ

神奈川県に住む、井手望さん（60代）は、機械いじりが得意である。その趣味が高じて、パソコンの修理をするようになった。

ジャンクと呼ばれる、動作保証のない古いノートパソコンを入手して、ふたたび動くように直すのである。そんなことを何台もやっているうちに、ちょっとしたビジネスを思いついた。

再生したノートパソコンを、ネットオークションの「ヤフオク」に出品して販売するのである。

使用するパーツも、ヤフオクで入手する。メーカーと型番を決めておいて、ジャンクを何台も落札し、使えるものを再利用するというものだ。つまり部品取りの取引である。

元手も、そんなにはかからない。必要なのは、精密ドライバーと、カメラの掃除に使われるエアブラシくらいなもので、あとはＣＰＵを交換する際に使うグリスくらいのものだ。

出品したパソコンの落札額は1万円台か、それをすこし超える程度のものである。それでも、台数をこなせば、思っていた以上の収入になるのだという。年間の売り上げが１００万円を上回るというのが、もっか井手さんが掲げている目標である。

◇

定年起業などと言われている。定年を迎える年代になって、リタイアするのではなく、そこから会社を起こして、事業家として第二の人生を始める。そんな生き方は、ユニークでおもしろいが、誰にでもできるものではない。

だが、小遣いを稼ぐ程度のプチ起業であれば、けっしてハードルは高くない。

さいわい、シニアには、これまで蓄積してきた経験と実績がある。そうしたものを利用して、小商いを楽しむといったことは、シニア世代を楽しむ生き方のひとつである。

東京都内に住む岡本琢己さんは、58歳の時に、35年間勤めた会社を早期退職して、お好み焼き屋をオープンした。

部長職も経験した岡本さんだったが、定年まで2年を残して自己都合による退職をすることにした。そのまま会社にいれば、定年延長になって、62、63歳くらいまでは会社に残っていられたと思っている。にもかかわらず、なぜ定年前に、自主退職しようと思ったのか――。

それは、このまま定年まで会社にしがみついていても、最後はくたくたになってしまうと思ったからだという。それなら、いっそのこと、早く会社から脱出して、次の新しい世界に飛び込んだほうが、よほど楽しいのではないか、と思ったのだった。

お好み焼きの店を始めるというアイディアを思いついたきっかけは、奥さんが調理師の免許を持っていることだった。専業主婦だったのだが、調理師の資格だけは、若いときに取っていたのだった。

巷を歩くと、お好み焼き屋なんていうのは、とくに流行っている。だが、岡本さんが住む自宅の周辺は、そうした類いの店は、ほとんど見あたらない。これは、競合する店が少ないということになるわけで、逆にチャンスではないかと考えた。

だが、最初の腹づもりでは、調理は奥さんにやってもらい、自分は経理やその他の雑用を担当する予定だった。

とにかく、ふたりとも商売なんてした経験がない。そもそも、お好み焼きがどういうものであるかということも、よくわかっていなかった。そこで、お好み焼きの味を自身の舌で覚えるためと称して、夫婦ふたりで、あちこちの店を、片っ端から食べ歩いた。

その次は、調理の仕方である。

お好み焼き屋を開業するためのスクールがあることがわかった。そんな話を、奥さんが、どこからか聞いてきたのだ。そこに1週間通えば、誰でもお好み焼き屋が開店できるという触れ込みだったから、岡本さんは奥さんをスクールに通わせて、調理の仕方を覚えさせた。

そのコースを修了した奥さんから、

「今度は、あなたも行ってきてちょうだい」

と言われた。

しかたがないから、岡本さん自身も、みっちり1週間、お好み焼きのスクールに通った。

意外だったのが、10人ほど来ている生徒の半分くらいが、男だったことである。自分のように、会社を退職してから、お好み焼き屋を出して独立しようと思っているひとは、一般に考えられている以上に多いのだなあと思った。

いずれにしても、いまみたいに、毎日、店のカウンターでコテを握って、お好み焼きを焼いたり、ビールを運んだりして、接客している自分の姿は想像もしていなかったと笑う。

◇

近年は、都心を中心に、起業家向けに、デスク貸しのレンタルオフィスというのが登場している。月額会費を払えば、デスク単位で利用が可能になるというものだ。

銀座をはじめ東京都内で7カ所を展開している「銀座セカンドライフ」のアントレサロンもそのひとつだ。会員になれば、交通の便がよい立地にあるオフィスが、どこでも利用できる。

宮沢正史さん（60代）は、会社に在職していた時の電気機器についての知識を生かしたコンサルタントを仕事にしている。都内での打ち合わせも多い。こうした事情から、レンタルオフィスの会員になっている。空き時間にも仕事ができるレンタルオフィスのような場所があることで、効率的に仕事ができるようになったという。

同様なものとして、コワーキング・スペースの会員になるという選択肢もある。会議室や打ち合わせスペースなどを共用しながら、独立した仕事をおこなう共働ワーク空間のことである。月額払いや時間制のところが多い。

自宅に仕事場をもうけるスペースがなかったり、自宅と仕事場を分けたい場合に向いている。いきなり外に、自前で仕事場を構えるのも、費用が必要だ。それなら、こうしたスタイルでの働き方から始めてみるというのも、ありではなかろうか。

その7 「得意なこと」で収入を得る

大関肇さんは、定年退職と同時に、翻訳会社を始めた。

会社といっても、有限会社だし、登記している場所は、大関さんの住まいがある戸建て住宅の1室だ。奥さんが経理を手伝ってくれているので、奥さんも社員にしているが、それを含めても社員が2名のスモールビジネスである。

大関さんが手がけているのは技術翻訳というものだ。

もともと勤めていたのが大手家電のメーカーで、技術者だった。電話交換機の販売部門でサポートを担当していた。アメリカに頻繁に出張しては、現地のセールスマンや修理の担当者に技術指導したり、その反対に、製品を改良するためのヒントを販売担当から得るといったことが仕事だったのだ。

アメリカに1回行くと、1カ月とか2カ月くらい滞在する。その間のやりとりは、ぜんぶ英語でおこなう。大学では機械科で学んだ大関さんだが、英語は苦手ではなかった、と語る。

その前から、社内研修の一環で、英語は勉強していた。いま手掛けている翻訳に必要な専門用語なども、自然に覚えていった。

そのあと、医療機器の分野が市場として大きくなってゆくという予想があったのだろう。グループが力を入れ始めた医療機器の会社に配置換えになった。電話交換機も医療機器も、大きさと機能が違うだけで、電子制御によって操作するいう点は、まったく同じである。

ただ、医療機器は1台あたりが高額だから、すべて自社で生産しようとしても開発費もかかる。機種によっては、外国のメーカーから輸入して、代理店として販売したり、逆に自社の製品を海外メーカーに供給したりする。

そうしたこともあって、医療機器の開発と販売に、翻訳の業務は欠かせないものなのである。仕事で必要な翻訳は、そのための窓口が社内にあって、そこから、ぜんぶ外部に業務を委託している。

大関さんは、その窓口に行って、

「自分にも仕事を出してくれないか」

と尋ねてみた。すると、担当者は言った。

「個人には仕事は出せないんです。会社を作ったら、考えてもよい」

それで、本屋に行って、会社を設立するための知識が得られる書籍を買うことから始めた。

最終的に有限会社にしたのは、資本金が安くて済むからだ。ほかに、登記費用や司法書士に払う謝礼として20万円ほどかかった。

この翻訳の仕事を始めて、しばらくした頃に、一度、トライというのを受けたことがある。仕事を出す窓口担当者から、

「これをやってみてください」

と、仕事とは直接の関係がない課題のようなものを渡されたのだ。出された仕事をきっちりやっているかどうかをみるテストのようなものだった。翻訳した内容をみた担当者からは、

「この翻訳は、カネになるよ」

と言われた。

つまり、プロとして、立派にやっていけるというお墨付きのようなものをもらったのだった。

翻訳のための学校を出ているわけではない大関さんだが、こうして自分が得意な分野を、なんとか仕事にすることができた。仕事はコンスタントにこなしている。運とタイミングを上手に掴み取ることも、大事な要素だと語る。

◇

勤務していた会社での仕事の内容とは、まったく違う分野に進むひともいる。石田弘さんは、大阪の家電メーカーを60歳で定年になったあと、テレビタレントに転身した。最後は管理職だった石田さんは、会社では、厳しい顔をして部下に接していた。だが、家では、家族とテレビを観ているときに、悪代官の台詞を真似て、「越後屋、お前も悪よのう」などといったことをやってみせていた。

そんなことを知っていた娘さんの前で、

「定年後に何をしようかと考えているんや」

と相談したところ、思いがけず、

「テレビタレントがいいんじゃない。こんなのがあったわよ」

と新聞広告を見せられたのだった。

さっそく電話して、詳しい資料を送ってもらった。

ちょうど、うまい具合に、その事務所の教室には、シニア世代のタレントを養成するというコースもあったので、迷わず申し込みをした。

レッスンは週1回だった。まだ当時は勤めがあったので、日曜日のコースを選んだ。

タレントの基本は発声からである。「あ、い、う、え、お」とか「アメンボ赤いな、あいうえお」といった発声の練習を、滑舌に気をつけながら、大きな声で、20、30人の練習生とともにおこなう。

トレーニングは、ほかにも、いろいろとあった。「歌」や「演技指導」さらには「日本舞踊」の授業まであった。

それから、まもなくして、仕事もついた。テレビCMへの出演だった。ただし、石田さんの役というのは、画面の中央で踊るメインキャストの脇で、その他大勢の通行人とともに登場する、というものだった。

この初仕事のあとに、事務所に行くと、

「石田さん、ギャラが出ていますよ」

と言われた。

この言葉に石田さんは、感慨のようなものを覚えた。自分もプロのタレントになったんだなあ、と思えたのだった。

その後も、ＣＭのエキストラなんかを何本も経験するうちに、バラエティー番組にも出演した。

はじめて役と呼べるものがついたのは、刑事ドラマだった。このときは、ちゃんと台詞もあって、それは飲み屋で飲んでいる女刑事に、

「あんた、ほんまに刑事かいな」

とからむ、酔っぱらいの役なのだった。

台本ももらい、なんと驚いたことに、撮影の現場では、石田さんが座るイスも用意

されていた。

タレントは人気稼業だし、月々の収入にも波がある。石田さんの場合には、年金もあるから、収入よりも生き甲斐、さらには自分の可能性を試す場といった要素が大きいようである。

その８　「副業」から始めて「本業」にする

シニア起業と言えば、たしかに聞こえはよいけれども、リスクもある。そこで、お勧めの方法がある。会社に在職している時から副業として始め、退職とともに本業にするというものである。

松井武志さんは、会社勤めをしている時期に、派遣会社を始めた。

松井さんの会社から派遣しているのは、設計やデザインに関係した技術者である。ロボットやライン設計といった、現場ごとに必要とされる仕事もある。これら技術者派遣の仕事は、きわめて特殊で限られたものだ。通常のように、半年や1年で派遣が終わるということがない。

会社を始めたきっかけは、仕事で付き合いのあったひとから、技術系の派遣会社をつくってくれたら、こんなに重宝することはない、と言われたことだった。さっそく会社の設立にとりかかった。奥さんを代表者にして、会社の所在地を自宅にしたのだった。

派遣会社の仕事は、お見合いの仲人と同じだ、と松井さんは語る。専門の技術者を、派遣先の担当者に引き合わせる場をセットする。だが、当時は昼間は、松井さんも会社の勤務があったから、そのセッティングは夜にやる。

松井さんの会社に所属している人材を集めるのは、広告を出したりしているわけではない。扱っている分野の人材は、限られた特殊な技能をもった専門家だから、広告を出したりしても、得られるようなものではないからだ。

スカウトは、もっぱらひとの紹介による。登録している技術者に、

「あなたみたいに優秀なひとを、できれば、もうひとり探しているんだけれども」

と言えば、だいたい連れてきてくれるのだという。

それぞれの専門分野ごとに、学校の同窓とか、前にいた会社の同僚といったつながりがあるからだ。

適当な技術者がいると聞くと、ちょっと飲みにいきましょうか、と言って誘う。面接というと、堅苦しくなるけれども、どんな人物かということを、1杯やりながら見

るのである。

人間には、ウマが合う、合わないというのがあるから、そうやって登録した人材を、組み合わせを考えながら、やはり夜に、さきに依頼されていた会社の担当者と合わせるのである。

こうやって続けていた人材派遣の副業を、松井さんは、定年になってから本業にした。そのための事務所を自宅の近くのマンションに構え、事務員の女性も置くようになった。

◇

松井さんは、派遣のような仕事は、ひとから頼りにされたときに精一杯のことをやってあげれば、とても喜んでもらえるのだと語る。

だが、松井さんのような派遣会社の起業は誰にでもできるものではない。技術のこともわかっていないといけないうえに、人脈も必要だからだ。じっさい、最近は大手の派遣会社も、こうした技術派遣の分野に参入するようになってきているが、なかなかクライアントの要望を満足させるようなところまでは至らない。

手軽に始められる副業としては、さしずめ、週末農業といったものがあるのではないか。

最近は、都市部でも、畝ごとに貸してくれる週末菜園が増えてきた。こうしたところでは、まったく畑仕事をしたことのないひとにも、農機具を貸し出したり、野菜の作り方を教えてくれたりするところもある。

はじめは、食卓で自分が使う量の野菜だけを栽培して、慣れてきたら、本格的に畑を借りるなどして、シニア農業への道を探るというのもあるだろう。

ただし、野菜は意外と手間がかかる。この点、比較的に勤めと並行してやりやすいのが、コメ作りである。

デザイン会社に勤務する高橋順平さん（50代）は、数年前に郊外の休耕田を借りて、コメ作りを始めた。子どもは独立して家を離れていることから、いまでは夫婦ふたりが食べるコメは、買うことなく、すべて自家生産でまかなっている。

◇

大岡勝さん（61歳）は、定年を機に、生まれ故郷である瀬戸内海の島にUターンして、ミカンの生産を始めた。家業が農家で、ミカンの栽培をしていた。

全国チェーンのスーパーに勤めていた大岡さんは、この仕事の転勤で各地に移り住んだ。とりわけ長かったのが、東京都内と北海道である。そのあと、会社に頼んで、山口県内の勤務に替えてもらった。

そんな時期に、大岡さんはリンパ系の病気になった。そのため、健康が何ものにも代えがたいものであることを、痛烈に感じるようになったのだった。

これを機に、大岡さんは、会社勤めをするかたわら、週末や長期休みになると実家に通ってきては、ミカンの栽培に関わるようになった。

とは言っても、月に1度か2度のことである。果樹の手入れをしたり、草取りをするようなことをしてきた。亡くなった両親が育てていたミカンの木が、甘い実をつけるたびに、ほっとした気分に浸ることができるのだと話す。

ミカン栽培で、大岡さんが心がけていることが、ひとつある。農薬をできるだけ使わないということである。勤めていたスーパーなどで売っているミカンと比べて、形の点は劣るものの、安心して食べてもらえると思っている。

そうやって生産したミカンは、知り合いに送ると、とても喜んでもらえる。北海道のひとは、お返しにカニを送ってくれたりだとかいったこともある。そこには、利益目的だけではない、シニア生活ならではの楽しみがあるのだと語る。

その９　「社会貢献」を兼ねた仕事

岡山県に住む武田潤さんが、ＮＰＯ法人の資格を取得して介護タクシーを始めたのは、50歳のときのことである。

独立する前は、社会福祉事務所に勤める県職員だった。公務員の立場で、30年以上にわたって、高齢者や障害者の人たちと関わってきた。

日頃は利用者の足として動く武田さんは、利用者から求められて、遠方まで出向くこともある。この日は、車椅子サッカーチームのメンバー４人を乗せて、岡山市内までやって来ていた。

武田さんのワゴン車には、車椅子のまま乗り降りできるリフトが付いている。車椅子サッカーチームが活動する日には、いつも武田さんがワゴン車を運転して連れてくることになっているのだ。

これ以外にも、利用のされ方は、さまざまだ。日帰り温泉への入浴や、病院通いといった具合に、事前に予約した利用者が希望する場所まで運ぶ。しかも、その内容はクルマの運転に留まらない。

オーケストラのコンサートに行きたいと言われれば、その会場まで連れていって、隣の座席で一緒に聞くこともある。恋愛映画を観たいと言われて、映画館で隣に座って観たこともある。

介護タクシーは、一般的なタクシー業務に加えて、介護のサービスを提供できる。いまの仕事を始めるにあたって、武田さんは、介護ヘルパーの資格を取得しているのだ。

それにしても、公務員という安定した立場を擲《なげう》って、なぜ介護タクシーのＮＰＯ法人を立ち上げたのか――。

武田さんは、ずっと現場にいて、ケースワーカーの仕事をしていた。高齢者や障害者など、広く世の中でハンディキャップを抱えた人たちの力になりたいと考えたからだ。ハンディを持った人たちと本当の意味で向き合うには、公務員の立場では限界があったと語る。

いまの仕事を始めるにあたっては、小商いと呼ぶには、けっこうな額の初期投資も必要だった。まず6人が乗れる3ナンバーのワゴン車に300万円。これに、車椅子のまま乗り降りができるように、リフトを付けるのに200万円がかかっている。

介護タクシーは、介護保険の対象となる点で、一般のタクシーとは違っている。利用者は、料金の1割を負担するだけですむ。ハンディを持った人たちは、バスや電車などの公共交通機関が利用しにくいため、こうした人たちから着実に利用される存在になっている。

それでも、スタートした当初には、介護の点で不慣れな部分も少なからずあった。女性の利用者と一緒に外出した時はさすがに、トイレの中まで入って介護することはできない。

だが、困った面ばかりではない。ハンディをもった人たちと行動をともにすることで、健常者にはわからない、新鮮な視点による発見が得られるのだ、と武田さんは言う。

名前も知らない花が咲いているのを見ただけで、その喜びを全身で表現する。梅や桜を見にいくとなると、たいへんな喜びようなのだと語る。

われわれ健常者が日頃、見落としている、ささいなことでも目聡く発見して、彼らは歓喜へと結びつける。そんな細やかな感受性に接して、気持ちを共感できる。そうした喜びが、介護タクシーの仕事にはあるのだ、と武田さんは話すのである。

第3章
シニアの「お金のリテラシー」とは

充実したシニアライフには、お金とどのように向き合うかという知識と技術が必要だ。大きなリスクをとって増やそうとするのではなく、まずは損をしない運用を心がけるべきだろう。

そうは言っても、いまの世の中には、金融をめぐる、たくさんの落とし穴もある。金融機関と、どのように付き合うかについて知っておくことも、いまどきのシニアには求められている。

その10　「養老保険」の落とし穴

東京都に住む和田準さん（56歳）は、そろそろ定年後を意識しはじめた49歳のときに、養老保険への加入を考え始めた。

養老保険とは、そのひとが定年を迎える60歳や65歳に受け取り時期を設定して、毎月、一定の金額を積み立ててゆくというものである。あらかじめ設定した満期の時期を迎えると、まとまった額のお金が払い込まれる。

窓口の営業マンが、こんな説明をした。

「いまから保険に加入して積み立てを始めれば、毎月の金額は、それほど多くないですよ。月に2万円弱ずつ積み立てれば、18年後の63歳のときに400万が手元に残ります。返戻率は103・8％と、とてもお得です。

かりに銀行で積み立て定期をしていっても、利息は0・025％とかいった低い水準でしかありません。それに比べたら、この養老保険は、3・8％もあるわけで、格段に有利なのではないですか？」――。

和田さんは、この営業マンが勧める学資保険への加入を前向きに検討した。妻に相談すると、「いいんじゃない？」と、ふたつ返事で賛成した。というのも、この保険は、テレビＣＭでも社名をよく目にする会社のものだったからだ。そのあたりからして安心できそうだというイメージがもてたらしいのだ。

だが、その数年後、すっかり状況が変わってしまった。和田家では、家を買い替えるという話が持ち上がったからである。

都心に近いマンションを売り払って、郊外に一戸建てを買い、老後をのんびり過ごせる終《つい》の棲家にしようと考えたのだが、数百万が足りなかった。そこで思い出したのが、ずっと続けてきた養老保険の積み立てのことだった。

◇

生保会社に連絡をとって、解約の検討をしているという話をしたところ、返ってきたのは、こんな返事だった。

「それは、たいへん残念ですね。というのも、満期を迎えないと、払い込みの額よりも少なくなってしまうからです」

ここにきて、和田さんは、満期に至らない場合には、何年にもわたって払い込んできた総額の元本を割ってしまうことを、はじめて知った。

年数が短ければ短いほど、返金率は低い。8割ほどしか戻ってこないというのだ。つまり、2割は生保会社に持っていかれるという契約内容なのである。

かりに満期に近い10数年の積み立てであっても、元本割れすることに変わりはない。95%、98%と、年数を重ねるにしたがって徐々に返戻率は上がってゆくものの、しかし、原則として、満期にならないと、運用の利益が出ない、というのが、生保が売り出している養老保険という金融商品なのである。

和田さんは、考えるようになった。この保険は、現在、手元にあるお金ではなくて、将来に入ることになっているお金を長期にわたって縛る契約なのだと。

家の長期支払いローンなら、住めるという実用性がある。だが、たかだか3%程度の利息で、18年間にわたって、月々の徴収がおこなわれ、途中で解約すれば、法外とも思える元本割れの事態に至るのは、まったくもって理屈に合わない、と思った。

すくなくとも、この養老保険は、いったん契約してしまうと、途中での見直しや解約には、たいへん不利な保険であることを、和田さんは知るに至った。

◇

さらに付け加えるなら、養老保険のデメリットは、それだけではない。この保険は、インフレに、きわめて弱い金融商品だということが挙げられる。

かりに返戻率が103・8％として、つまり満期まで18年続けていて3・8％の利回りである金融商品ということになる。

18年で、たった3・8％の利回りしかない。念を入れて書いておくが、これは年率ではないのだ。年平均に直せば、0・21％ということだ。それでも、いまは、物の値段が下がり続けるデフレから完全に脱却しきっていないから、まだマシといえばマシかもしれない。

だが、日銀は金融緩和によって、あらゆる手を使って、物価2％の上昇を目指している。これが、いまの黒田東彦《はるひこ》・日銀総裁が就任して以降、国際公約に掲げてきたことなのである。そのために、日銀自身が直接、株式買いまでおこなってきた。

つまり、年間で物価が2%上昇することになれば、18年で3・8%の利回り、年平均0・21%の利回りなど、吹っ飛んでしまうことになる。せっせと積み立てていたお金が、ぜんぜん当てにならなかった、ということもあり得るのだ。

ドッグイヤーと呼ばれるこのご時世のことである。18年後に、どんな世の中になっているかなんて、誰にも想像がつかない。そんな時代に、毎月決まった額を強制的に徴収されて、それが継続できないと元本割れする金融商品というのは、どう考えても、契約者に不利な仕組みになっている、と言わざるを得ない。

考えた末、和田さんは、保険を解約した。その際に、和田さんは、外貨建ての養老保険なる新たな金融商品が登場していることを知って、呆れかえってしまった。外貨建てとは、受け取りが米ドルで、しかも毎月の積立金の払い込みも米ドルでおこなう、というものである。金融商品が完全にマネーゲームになってしまっている、と思った。

その11　生保が勧める「個人年金」にご用心

森本暁さん（60歳）は、定年を迎えて、そろそろ老後の資産形成について考え始めた。受け取った退職金を、毎月決まった額ずつ受け取れればいいなと考えた。

そこで森本さんは、生命保険会社の窓口を訪問した。いくつものパンフレットを目の前に並べられてから、こう言われた。

「資産の一部を外貨で持っておくことは、グローバルな分散投資になります。それに外貨だったら、利率もいいですしね」

差し出されたパンフレットに見入っていると、さらに営業担当者が言う。

「なかでも、この外貨建て定額個人年金保険なんて、おもしろいと思うんですよ。外貨の種類が選べるし、お勧めです。米ドル建てと、豪ドル建てのどちらかから選べるようになっているんです」

この商品は、一括で振り込んだ、まとまったお金を元本として、20年から40年にわたって毎月受け取れるというものだ。営業マンの説明によると、1年間の猶予期間はあるものの、受け取り利率は、受け取り期間によっても変わってくるものの、米ドルは約2%、豪ドルで4%台の前半から後半の利率になるのだという。

森本さんは500万円を豪ドル建てで契約した。定額個人年金というネーミングが、なんとなく安心できそうだったからだ。しかも米ドルと比べて、より利率の高い豪ドル建てにすることにしたのだった。

◇

だが、問題はそこからだった。

しばらくして、月額の手取りが、目に見えて減ってきたのである。当初に比べて、2割くらい少ない感じがする。

このことが気になった森本さんは、ここではじめて、この金融商品の為替の扱いについて調べてみた。

森本さんが契約したのは、1豪ドルが100円前後の時期だった。それが、その後、急激に円高に振れて、80円にまで進んでいた。つまり、かつての100円が、80円の価値しかないといった状況になっているのだった。

さらに、この金融商品について、あらためて調べてみた森本さんは、生命保険会社にとって、どう転んでも儲けを得ることのできるカラクリがあることを知った。

それは為替レートの仕組みである。

外貨建ての金融商品の場合は、円をいったん豪ドルに交換して、生命保険会社が運用する。受け取りの場合も、円建てだから、豪ドルを円に戻す。そのさいの為替に、手数料として50銭を乗せて徴収していることがわかった。

片道50銭だから、往復で1円の差益が保険会社によって抜かれていることになる。

保険会社は、豪ドル建てで預かったお金を運用するわけだから、本来は、それを利益の源とすべきはずである。にもかかわらず、スプレッドの差益も取るのでは、この商品から二重の利益を得ていることになる。

ちなみに、ドル円でも、往復で50銭が加味されている。FX（外国為替証拠金取引）では、米ドルで1銭などというのが相場だ。こんな、ボロい儲けはない。道理で、営業マンが外貨建てを勧めてきたわけだ、と森本さんは思った。

おまけに、豪ドルの往復で1円というスプレッドは、さきの利回りには含まれていないこともわかった。つまり、2％台という利回りは名目で、そこから為替手数料が差し引かれてしまうのだ。

その後、豪ドルは90円前後まで戻したものの、その前後を上下する状況が続いている。森本さんは、プラスマイナスでゼロだと見ているが、この商品の仕組みが複雑なため、詳しく検証することができないでいる。

いっそのこと、途中解約しようかとも思うが、そうなると、大きく元本割れすることになりそうなので、いまもそのまま持ち続けている。

◇

そもそも、森本さんの場合には、外貨建て商品を契約するにあたって必要な知識が欠けていたと言わざるを得ない。スプレッドという名目の為替手数料が掛かってくるわけで、それによって金融機関が利益を上げる構造になっていることを知っておくべきであったのだろう。

為替という専門的な知識の必要な金融商品であって、投資するには、そのひとにとって向き不向きというのもある。為替が円安か円高かというのは、相対的な問題でしかない。いわば、自分なりの相場観が必要なのである。為替は、日本経済やグローバル経済の動向によって、円安に振れるか円高になるかが変わってゆくからである。

定額個人年金保険とは、名前に偽りありで、ぜんぜん定額の受け取りではないではないか、と森本さんは怒りたくなった。だが、定額個人年金保険の「定額」とは、一括払い込みの額が定額という意味なのであることに、遅まきながら、気づいたのだった。

その12　銀行の「騙しまがい」の金融商品

ここまで紹介してきた保険商品は、じつは銀行の窓口でも販売されている。

規制緩和によって、銀行、保険、証券の垣根が取り払われた結果、それまでは保険会社や証券会社でしか取り扱っていなかった生命保険や外貨建て債券（外債）、投資信託といった金融商品が、銀行でも販売されるようになったからである。

これらの金融商品は、銀行でも契約できるのだから、すべて銀行で契約しようとしてはいけない。銀行が異業種で他社の金融商品を扱っているのは、手数料が見込めるからである。

つまり、銀行の窓口で扱っている金融商品には、一見すると、素人目にはわからないように、商品のなかに銀行の手数料が含まれているのである。

外債とは、ある国や会社の借金の貸し付けを外貨建てでおこなうというものだ。田原正一さん（62歳）は、手元にあるお金を資産運用しようと考えていた。

◇

そんなとき、メインバンクにしているメガバンクに行った際に、店内の壁の外貨建て債券のチラシをもらった。

「この商品の概要について、知りたいのですが」

と係りの女性に言うと、

「いま担当者を呼びますので」

丁重な態度でブースへと案内されて、

「お飲み物は、いかがですか？」

と、コーヒーや紅茶、ジュースなどが載ったメニューまで渡された。

田原さんは、この銀行の喫茶店並みの至れり尽くせりの対応に、すっかり気をよくした。

その外債は世界銀行が発行する債券で、豪ドル建てである。魅力的だったのが、その利率だった。償還まで持っておれば、5％台の利回りという謳い文句だったからである。世界銀行というところも、安心できそうだと思った。企業だったら、倒産のリスクがあって、最悪、返ってこない可能性もあるが、世界銀行のような国際的な機関なら、そういった心配もない、と思ったのだ。

この債券は1000豪ドル単位となっていた。償還は3年後だという。田原さんは、3万豪ドルを買い付けることにした。

だが、田原さんは、あとになって、銀行で扱っている、この種の外債が、法外に高い手数料を取る、とんでもない商品だということを知った。

為替のスプレッドが、常識外れに大きいのである。片道のスプレッド1円50銭となっていた。往復で、なんと3円ものスプレッドを乗せている商品であることがわかったのだった。

近年では、パソコンやスマホを操作して取り引きするネット証券でも、こうした外貨建て債券を取り扱っている。そうした証券会社でも外債はたくさん扱っている。豪ドルのスプレッドは片道で70銭とか1円というのが相場である。往復で1円40銭から2円である。1豪ドルが80円とか100円の状況で、1円以上も差があるのは、相当に大きいと言わざるを得ない。

しかも、この債券というのは、途中で売ってしまうと、大きく元本割れしてしまう。債券というのは、本来、満期が来るまでに、自由に売ったり買ったりできるものなのだ。だが、この種の外貨建て債券については、販売の窓口となっている銀行などを通じて、販売元の証券会社に買ってもらうより、ほかに方法がない。

為替の手数料などを勘案すると、購入時の7、8割の価格でしか売れないこともある。そうしたリスクについてきっちり説明すべきなのだが、じっさいには、そうなっていないのが実情だ。

銀行の窓口でコーヒーが出て、専門的な知識をもった担当者がついて、商品の説明をしてくれるというのは、逆に言えば、こうした商品が銀行にとって、いかに大きな利益をもたらしてくれる金融商品であるかというの証左なのである。

金融の自由化によって、銀行の窓口では、高い手数料を取ろうとする、いわば詐欺すれすれの金融商品が取り扱われるようになった。そうしたもののひとつに、投資信託というものがある。

◇

投資信託はファンドとも呼ばれる。取引所に上場している複数の株式や債券を買い付けて、一般の投資家に再販売するというものである。「日本株」「アジア株」「先進国株式」「不動産リート」といった幅広いジャンルがある。

そもそも、投資先といっても、たくさんの企業がありすぎる。日本国内で上場している株式会社だけで、4千社と言われている。そのうちの成長や好業績が見込める会社だけに絞って、ファンド・マネージャーと呼ばれる投資信託の責任者が買い付けて、利益を上げようとするのだ。

投資信託には、ほかにも、たしかにメリットがある。一般の投資家には、1社とか、せいぜい数社の投資先に限られることが多いが、その方法だと、不祥事や倒産など、その会社の思わぬ失態によって、株価が下落したり、株券そのものが無価値になったりしかねない。

だが、投資信託を通じてであれば、そうしたリスクの分散ができるのだ。そのファンドマネージャーが考えるテーマに沿って、いくつもの会社に投資をおこなっているからである。

投資信託を販売するのは証券会社だが、最近は、銀行の窓口でも扱われるようになってきた。ただし、例外なく、手数料が驚くほど高いのである。

◇

一般の投資家が投資信託を購入するには、その前に、目論見書というものを読む必要がある。このファンドの考え方についてまとめた、取り扱い説明書みたいなものである。

そして、投資した側は、報酬としての手数料をファンドに払うことになっている。買い付け時の購入手数料と、信託報酬、売却手数料の三つである。

そして、多数ある投資信託のなかでも、一般的に、銀行で扱っている投資信託は、アクティブ・ファンドと呼ばれるものを多く揃えている。目論見書で、運用を積極的におこないますよ、と謳っているかわりに、購入手数料が、やたらと高くなっているのである。むろん信託報酬も高いうえに、もちろん売却時にもお金がかかるようになっている。

これに対して、ネット系証券会社では、ノーロードと呼ばれる購入手数料が無料のものがある。インデックス・ファンドと呼ばれる、信託報酬なども低コストに設計された、堅実な投資信託も扱っている。

投資の世界では、その道のプロであっても、コンスタントに5％の利回り益を出すことは至難の業である。にもかかわらず、アクティブ・ファンドは、信託報酬が2％台にも達する。これでは、せっかく上げた利益も、ぜんぶ吹き飛んでしまいかねない。

これに対して、インデックス・ファンドの場合は、0・2％とかいった程度なのである。結果的に、アクティブ・ファンドよりも、ノーロードのインデックス・ファンドのほうが、高利回りの運用になることが多い。

以上のことから言えるのは、外債や投資信託で資産運用を考える場合には、銀行ではなくて、証券会社に行こうということである。

　銀行は、本業がお金を預かったり貸したりするわけで、証券会社の金融商品が並んでいても、それは商品を証券会社から借りてきているだけなのだ。それは生命保険についても、そのまま当てはまることである。

その13　趣味と実益を兼ねた「グローバル投資」

金融業界では、ひと頃、「グローバル分散投資」ということが言われたことがあった。日本株だけでなく、欧米など、ほかの先進国や、著しい成長が期待できる東南アジア、ブラジルなどの新興国の株式や債券を持つことで、リスクとリターン（利益）を地球規模に分散して投資しようというものである。

だが、それを個人でおこなおうとすると、コストばかりかかって、リターンを圧迫してしまう。ここまで見てきたように、外貨建ての金融商品には、為替スプレッドが掛かってくるからである。そこそこのリターンが出ていたとしても、それが為替の往復手数料で、半減してしまっては、何の意味もない。

それを解消するためのひとつとしては、ＥＴＦを使うという方法がある。

ETFとはエクスチェンジ・トレーディド・ファンドの略で、上場投資信託と呼ばれている。ある特定の株式指数に連動するように設計された金融商品だ。債券、リート、原油や金などの商品といった指数に連動したものもある。

そのメリットは、保有コストが抑えられる点にある。通常の投資信託のように、販売会社に手数料を払う必要がないため、信託報償が0・1%台と低く設定されているものが多い。このため、長期の運用になればなるほど、有利に作用することになる。

このETFは、外貨建て商品の場合でも、優位に働く。為替のスプレッドといったコストが発生せず、それらも含めて、ぜんぶ込みになっている。商品がシンプルで、慣れない人にもわかりやすくできている。

その一例を挙げると「スパイダーS&P500」は、アメリカの株式のうち、優良な企業500社の株価を平均した指数と連動するように設計されている。もしアメリカの株式に投資したいと考えれば、わざわざ為替を米ドルに替えて、高い買い付け手数料を払って特定のアメリカ株を買わなくとも、このＥＴＦを、ネット証券の日本株を売買するところから買い付ければよい。

◇

だが、日本株だけに投資していても、世界成長を享受できる方法はある。日本の国内から、海外に積極的に打って出ている、海外進出の著しい会社の株式に投資するというものだ。

少子高齢化が進む日本は、成長が鈍化しており、したがって、日本の会社の株式に投資しても、高い利回りが見込めないという見方がある。だが、それは一面的な見方というものだ。

日本企業のなかには、国内よりも国外の方が売り上げ比率が大きいところも少なくない。そうした会社に投資することは、海外のグローバル企業に投資しているのと、結果的に同じことなのである。

じっさい、それら海外売り上げの大きい会社は、為替の差益にも株価が敏感で、円安になると、株価が上昇する傾向にある。円安によって、利益が上ぶれすることになるからである。逆に、円高になれば、利益は減るから、株価が下がることになる。

その代表的な会社として、京都にあるモーター会社の日本電産（証券番号６５９４）、工作機械用の数値制御装置や産業用ロボットをつくるファナック（同６９５４）、大阪にある自転車部品メーカーのシマノ（同７３０９）などがある。

ＥＴＦには、日本株のものもある。まずは、ＥＴＦで投資してみて、それに慣れてきたら、そうした個別の銘柄に移行するというのも、ひとつのやり方だろう。

ただ、株式への投資には、独自の相場観が必要だ。値ごろ感のある水準で買いつけて保有するためには、研究と勉強は欠かすことができない。そのうちに、相場観が身についてくれれば、しめたものである。

◇

いずれにしても、手元にある資産を減らさないための知識やスキルを身につけることは、シニア生活に欠かせない。ここでは、大幅な運用益を出そうとする必要はない。

大きなリスクをとって、逆に運用による失敗という結果になっては、身も蓋もないからである。

リタイア世代のシニアには、あり余った時間がある。この時間を使って、株式投資やグローバル投資について勉強してみる。じっさいにやってみると、なかなか奥が深いものであることがわかるだろう。

ここで重要なことは、たんにどこかの窓口で販売している金融商品を購入するのではないということだ。自分が金融機関の運用担当者になったつもりで、いろいろ株式や債券を組み合わせて構成するといった姿勢が大事である。

数年前に60歳で定年を迎えた太田繁行さんは、退職金の一部である1000万円を元手に、株式投資の運用を始めた。とは言っても、いきなり、それだけの額を株式の購入に充てたわけではない。

証券取引所が関係するNPO法人が主催する無料の株式投資の講座に通って、株式投資の基礎を、ひと通り勉強した。さらに、対面式の証券会社ではなくて、売買手数料の安いネット証券に取引口座を開いたのだった。

万全を期して臨んだ太田さんだったが、それでも利益が出るまでになるには、なかなか至らない。それでも続けていると、年間で数%の利益が得られるようになってきた。年間の収益に直すと、たかだか数十万円である。これだけでは、とても食べていけるほどの額とは言えない。だが、まもなく年金も出るようになったから、そのうえでの運用益であることを考えると、ぜんぜん気分が違ってくる。

たまに家族を誘って、ディナーに行ける程度の運用益が出れば、御の字だ。そう考えると気分的にも楽だし、そうした精神的なゆとりがシニア生活の刺激になるのだと太田さんは言う。

また、ここまで述べてきた、さまざまな「仕事」を補助することにもなる。ちょっとした小商いをする自営業には、お金についてのリテラシーも不可欠だからだ。

具体的には、いろいろな投資セミナーに行ってみることなどから始めてみては、いかがだろうか。

ネット証券に口座を開くと、投資セミナーに参加できる特典があることが多い。そうしたセミナーの会場に、じっさいに足を運んでみることで、はじめて気がつくことは多いし、投資が身近に感じられるようになるだろう。

あるいは、書店の店頭に並んでいる投資の専門雑誌を、たまには購入して、目を通してみる。そうしたことをしているだけで、ずいぶん違ってくるのではないだろうか。

第４章
「住まい」をどうするか？

シニア世代にとって、住まいをどうするかは、避けて通れない問題である。いままでの住宅に住み続けるか。それとも都心のマンションを処分して、郊外に住み替えをするか。

それとも、いっそのこと、田舎暮らしを始めるか？　この田舎暮らしというのは、意外と人気のある選択肢である。だが、じっさいに踏み切るとなると、いくつものハードルがある。

いずれにしても、住まいの住み替えは、シニアライフの中身を決定する重要な要素であることは、疑いない。

その14 「不動産業者」にカモられないために

住まいを買うにせよ、また売るにしても、不動産業者との付き合い方を知っておくことも、現代を生きるシニアにとって、必要にして不可欠なリテラシーのひとつといってよい。

不動産は、買う時は、お金さえあれば、比較的簡単だが、売るほうが難しい。このことを、まず肝に銘じるべきである。

買う際には、それに見合った収入があって、銀行からローンが下りるかどうかという話だけである。だが、いったん手に入れた住宅を手放して現金に戻そうとした場合に、かなり値を下げても、誰も買おうとしない物件があったりする。

住宅には、それぞれの立地条件があって、事情も違ってくるから、このあと個別の事例でふれてゆくとして、一般論で言うと、次のようになるだろう。

もっか空き家が増えているご時世で、少子高齢化は、ますます進んでゆくわけだから、東京の都心3区（千代田区、中央区、港区）や街全体が世界遺産である京都といった一部の例外地域を除いて、住宅の価格は下がりこそすれ、上昇する見込みはないという見方が優勢である。

さらに、年をとってくると、体の衰えによって、坂道がキツい、長い距離が歩けない、クルマの運転ができない、といった困難に直面する。そうなれば、駅からバス便といった郊外よりも、駅から近いマンションのほうが、生活するに、ずっと便利ということになる。

◇

じっさいのところ、東京や関西圏では、バブル期に住宅価格の上昇のあおりを食って、街の中心地から離れた山の中腹部に切り開かれた土地に建てられたマンションや一戸建てを処分して、より都心に近い場所に住み替えようとする動きが、ここにきて、にわかに活発化している。

東京の西端に位置するO市に住む池田拓さん（66歳）は、30年前に、いまの戸建て住まいを購入した。シニア世代たちが週末になると山歩きに来ることで知られる地域で、街全体が山のように傾斜している。

数年前に退職して、退職金も出たので、その一部に家を処分したお金をプラスすれば、平地に一戸建ても買えそうだと思った。

物色していると、さいわい、中央線のターミナル駅であるT駅からバス便になるが、手頃な中古マンションが売りに出ていることを知った。さっそく、奥さんと見にいったところ、悪くないと思った。

7階建てマンションの3階に位置する2LDKで、これなら夫婦それぞれに部屋がある。ベランダも南向きで広々としているから、このスペースで趣味の盆栽いじりもできると考えた。

だが、たちまち問題に突き当たった。

いまの住まいである戸建てを売りに出してみたのだが、まったく売れそうにないのである。1000万円という売り出し価格にしたのだが、郊外すぎて、だれも内見に来ないのだ。売り出した1カ月間に数人の内見者があったものの、それ以降はさっぱりである。

この状況に窮した池田さんは、仲介している不動産業者の担当に問い合わせた。すると業者は、

「うちで買い取るという方法もありますよ」

と言う。これは業者買い取りといって、不動産業者が直接、物件を買い取って、リフォームをしたものを売り出すというものだ。それはありがたいと思った池田さんが、買い取り価格を尋ねると、

「この物件でしたら、３００万円ですね」

と、顔色も変えずに言うのだった。

この言い値に、池田さんは、憤りを抑えるのに精一杯だった。

西端の山間部のマンションとはいえ、かりにも東京都内の戸建てである。購入時には３０００万円もしたものなのだ。それが、わずか1割の価格にしかならないとは……。

池田さんは、やがて情けない気持ちになるとともに、厳しい現実を思い知らされたのだった。

まずは、いまの住まいが売れないことには、マンションへの買い替えもあったものではない。そう考えた池田さんは、業者買い取りに出すかどうか、いまも迷っている。

◇

池田さんの事例は極端としても、この種の話には枚挙にいとまがない。不動産業者は、買い手や売り手の側に立って仕事をするかと言えば、けっしてそうではない。不動産の売り買いをおこなおうとする場合、業者がお客をカモにする、ありがちな手口を知っておいて、その傾向と対策を講じることが必要である。

まずは預かった物件を囲い込んで干して、値こなしする、というものだ。物件の売り出し価格は、売り主である所有者が決められる。だが、そのままでは商品にならないことが多い。それで、価格を下げさせようとする。

それで、お客さんを物件に案内しないようにして、「やっぱり高いですね。もう少し、値を下げては、いかがですか」という話にもっていこうとする。

売り主の業者の間には、専任媒介契約と一般契約がある。前者の場合は、売り出す不動産屋は１社のみだが、後者は、何社でも契約を結ぶことができる。すなわち、仲介の不動産屋としては、専任の契約をとって、自分のところだけで囲い込もうとするのである。

囲い込んだ物件は、紹介せずに、何カ月も放っておく。さらには、同業他社から問い合わせがあっても、「あの物件は決まりそうだ」などと適当なことを言って、紹介しようとしないのだ。

不動産業者としての利益は、仲介手数料である。これを得るために不動産業者は働いているわけで、その内容は３％プラス６万円と決まっている。

つまり、売り出しの価格が下がると、普通であれば、その分、不動産業者の取り分も減ってしまう。だが、そこは解決できる方法がある。

両手仲介といって、売りと買い両方のお客さんがつけば、売り手だけでなく、買い手の側からも手数料がもらえるのだ。つまり６％プラス12万円が得られるわけで、これが、不動産業者が囲い込みをしたがる最大の理由である。

干している最中に、うまい具合に業者買い取りができれば、物件を格安の価格で手に入れることができる。

逆から言えば、不動産業者と売り出しの契約をおこなう場合は、専任媒介ではなくて、かならず一般媒介にすべきというのが、賢明な売り手の選択と言えるだろう。

その15　「持ち家」か「賃貸マンション」か？

　じっさいのところ、いまは一戸建てを処分して、マンションに住み替えようとするシニアが増えている。年をとるにしたがって、戸建て住まいは、たいへんになってくるからだ。

　子育て中で家族の人数が多いのなら、戸建て住まいの方が快適だろう。子どもに1部屋ずつ与える間取り的な余裕もある。だが、年齢を重ねるにしたがって、煩わしさが増してくる。

　一戸建ては、長く住んでいて家屋そのものも古くなってくると、湿気がこもったりするし、屋根や外壁の修繕を自分でおこなわねばならない。その手間や費用も、けっして莫迦にならないのである。庭木などの手入れも必要だし、出かける際の戸締まりや、ご近所づきあいの人間関係にも、意外と気を遣う。

　その点、マンション住まいなら、ぐっと気が楽だ。出かける際にも、玄関の戸締まりだけですむうえに、面倒なご近所づきあいとも無縁である。だからといって、一人暮らしのマンションも、また寂しいものがある。

◇

東京の私鉄沿線に住む中田和代さん（67歳）は、長年にわたって住んできたマンションを処分した。売りに出ていた中古の戸建て住宅を購入して引っ越したのだった。

専業主婦だった中田さんは、50代で夫を亡くし、残された子ども3人を育て上げた。所有していたマンションは、夫の生命保険でローンの完済ができており、その後の生活費も、夫の死後に入ってきた一時金を信託銀行で管理してきたので、苦労はなかった。

この年齢になって、中田さんが戸建てに住み替えを決めたのは、やはり年をとると土に近い場所で生活したほうが落ち着く気がしたからだった。結婚して独立している子どもたちに、孫を連れて、遊びにきてほしいという思いもあった。

そんな思いから、隣町で売り出されていた戸建てを見にいったところ、一目で気に入ってしまった。1階のリビングとつながった庭には、サンルームがあって、手頃な大きさである。ここなら年間を通して快適な時間を過ごせそうに思えたのだ。

だが、引っ越し後、まもなくして、それらが幻想であることを知るに至った。

まず、気になったのが、近隣から聞こえてくる、さまざまな音である。玄関に面している通りや周囲から、クルマの音、人の声、その他さまざまな物音が、否応なく家の中まで入ってくるのだ。それは１階のリビングのみならず、寝室にしている２階の和室にいても、そうなのだった。

それに加えて、購入時には、見るからに快適そうに思えたリビングとサンルームが、妙に落ち着かないのである。この住宅は、もとは一戸分の土地をふたつに分割して、２軒分を建て売りにしたもので、狭い土地に立っている。このため、窓を閉め切っていても、お互いの家の会話が丸聞こえになってしまうということがわかった。

これまでマンション住まいしか経験したことのなかった中田さんは、戸建て住まいというものが、これほど、近隣の音に悩まされるものだとは、まったく思ってもみなかったのだ。

おまけに、気に入ったはずのサンルームが、冬は寒いし、夏はやたらと暑い。アルミの枠とガラスだけでできている簡易な建物だから、外気がそのまま室内に入ってきてしまうのだった。

さらには、近所づきあいにも悩まされた。

街ができて時間も経っていることから、近隣の人間関係ができあがってしまっている。犬の散歩をするついでなどに、ご近所の奥さんたちが立ち話などをしているのだが、そうした輪の中に入れない。

別に、無理して会話に加わる必要もないのだが、そうは言っても、自分の家の前でべちゃべちゃと長く世間話されていると、嫌な気持ちになってくるという。人づきあいが苦手な中田さんは、自分ひとりが、置いてけぼりをくらっているような気になってくるのだ。

おまけに、頼みにしている、孫たちの訪問もめったにない。中田さんは、この家を処分して、今度は賃貸マンションへの引っ越しを考え始めている。

中田さんくらいのシニアなら、まだまだ元気な人も多い。それでも、70代、80代と年齢が上がってゆくと、身のまわりの世話をヘルパーさんに頼んだりというケースも出てくる。

◇

そうしたことを考えると、持ち家や自己所有のマンションではなく、あえて賃貸マンションという選択肢をとるひとはじっさいに増えている。

谷信太郎さん（60代）は、10年前に、ずっと同居してきた父親が亡くなったのをきっかけに、このほど自己所有のマンションを処分することにした。

大阪市の天王寺区内にあるそのマンションは、バブル期に建てられたもので、父親が買ったものを遺産相続で受け継いだものだった。一人暮らしになった谷さんにとって、さすがに２ＬＤＫのマンションは広すぎた。一人っ子で生涯独身だった谷さんには、財産を譲るような甥や姪っ子もいない。元気なうちに身辺整理をして、身軽になっておこうと考えたのだ。

その住み替えは、たいへんだった。男やもめの一人暮らしだと、なかなか内覧者を連れていきにくい。そんな事情から、売り出しとともに、谷さんは賃貸のマンションに引っ越したのだ。

だが、所有するマンションは、売れてはいないわけだから、管理費や固定資産税は掛かってくる。そんな二重生活を続けたのだが、そうは言っても、必ず売れるという保証などない。

それでも、大阪の都心部に位置するという地の利がさいわいしたのだろう。半年後に、なんとか売買の契約にまで、こぎ着けることができた。

さらに谷さんは、すぐ近隣に住み替えをした。

やはり賃貸のマンションである。高齢者向けのもので、一人暮らしの高齢シニアが生活できているかどうか、その安否を定期的に確認してくれるサービスがついている。

これなら、安心して日々を過ごせる。万が一のことがあっても、マンションで孤独死したまま、何カ月も発見されずに、ただ時間だけが過ぎるということがない、と谷さんは考えたのだった。

このように、賃貸のマンションに住み替えるという方法には、意外とメリットが多い。マンションなら、はじめから段差がなくて手すりなどのあるバリアフリーになっていたり、エレベーターも備わっていたりと、介護にも向いているからだ。

さらには、もっと本格的な介護が必要になって、老人ホームやグループホームに入居しようとする場合にも、そこから住宅を売却処分する必要がない。賃貸マンションに住むという選択肢であれば、年齢と自身の状況に合わせて住み替えてゆくことが可能なのだ。

引っ越しには、さまざまなメリットがある。不要になってしまっている品々を、思い切って処分できるのである。不要品で溢れかえった家に住んでいると、それらに押しつぶされそうで、精神衛生上、たいへんよろしくない。

物を持たない生活は、快適なシニアライフへの第一歩といえる。そのための選択肢として、賃貸への引っ越しは、意外と有効なようである。

その16 「戸建て」は処分にもコツがある

一般的に言って、ファミリータイプのマンションというのは、処分がしやすい。大規模マンションであれば、過去に売却された際のデータが揃っていて、売買の相場を業者が把握しているからだ。

不動産業者のなかには、そうした相場をマンションごとに網羅したデータを持っていて、買い取りを積極的におこなっているところもある。中古マンションの業界では、かんたんに売ったり買ったりできる、いわば住まいの金融商品化が進んでいるとも言える。

だが、戸建てともなると、まったく別である。

立地も築年数もバラバラの戸建て住宅については、一口に語ることは難しい。個別のケースで見てゆくことにしよう。

◇

埼玉県に住む田村亮一さん（60代）は、長年住んできた住宅を処分して、マンション住まいを考えることになった。

不動産業者に仲介を依頼したところ、

「ここは、セットバックが必要な第43条に抵触する住宅地ですね」

と言われた。

建築基準法の第43条では、建築物の敷地は、幅4メートル以上の道路に、2メートル以上接していなければならない、と定められている。田村さんが所有する物件は、接している道路が3メートルしかない私道である。

このため、かりに建て替えをすることにした場合、50センチを後退して（セットバック）、再建築しなければならない。つまり、広い道路を通すために、土地の一部を供出しなければならないという、いわく付きの物件なのであった。

「たしかに、そんなことを言われたなあ」

と、そのときになって、田村さんは、ようやく思い出した。

この物件を買った時に、不動産業者から、第43条についての言及があったのだ。だが、詳しい説明があるわけでもなかったから、たいした問題ではないだろう、と思った。なにしろ、自分にとっては、はじめて購入する住宅で、住めば都。さらには、ずっと住み続ければ、どうってことはない、と考えたのだった。

だが、この土地が、悪条件の土地であることに、住んでみて気がついた。

近年はゲリラ豪雨に襲われることがある。この地域でも例外ではなく、バケツをひっくり返したような大雨が数時間にわたって降ることがある。

そんなときには、この家の前を通っている私道が、まるで用水路かお堀のように水浸しになってしまう。家を出入りするには、この道しかないから、足首まで水に浸かって行き来することになるのだった。

あるときなんて、玄関口ぎりぎりまで、水が押し寄せたこともあった。昔から住んでいる人の話では、ここは昔、沼地だったそうである。そうしたこともあって、ここの土地だけ周囲に比べて低くなっており、水が流れ込むようなのだ。

また、このため、それだけ湿気も多いらしく、ヤモリやムカデを見ることが多かった。

この家を売り出したところ、内見者はやって来るものの、１年以上経っても買い手は決まらない。不動産業者からは、賃貸に出すことも勧められたが、慣れない大家業には手を出す気にはなれなかった。最終的に、業者買い取りで処分せざるを得なかった。

◇

この第43条のセットバック物件というのは、けっして田村さんが住む地域だけに当てはまる、稀少なケースではない。住宅が不足したバブル期から以降に、東京都下でもたくさん建てられてきた。

不動産業界では、そうした誰も手を出さない物件が、たくさん売れ残っている。そうなれば、いわば、住まいの売り買いも、ババ抜きみたいなものである。

そうした土地は、買うときは相場よりも安く売られているが、売却するときのことまで考えて、取引すべきである。できれば、時間があるときに、家を処分する際のシミュレーションをしてみる、というの、ひとつの方法かもしれない。

戸建て住宅というのは、ただでさえ処分が難しいものである。というのも、売り出してから買い主が見つかるまで、相当の時間がかかるものだからだ。半年や1年で決まれば、早いほうだろう。その間、人が住んでいないと、家というのは、どんどん荒れてくる。

少子高齢化とは、ファミリータイプの不動産の空き家がどんどん増えてくることでもある。結婚しない単身者やシニアが増加する社会だからである。しかも、これからは、空き家がどんどん増えていく一方である。

2020年の東京オリンピックが終わると、不動産価格も下落するという見方が強い。いまも空き家率は急上昇しているが、将来的には、東京や大阪などの都市圏でも3割から4割に達すると見積もられている。

少子化によって、このさきも人口はどんどん減少へと向かってゆく。このままいけば、2050年には、日本の人口は8000万人台にまで減ってしまうことが見込まれている。

かりに、相続する子どもがいたところで、家を財産分与してもらっても、対処に困ることのほうが多い。いまは、子どもも生活スタイルに合わせて、それぞれ好きな場所に住んでいることが多いわけで、いっそのこと、現金で残してもらったほうが、孫の教育費などに充てられる、というのが本音かもしれない。

戸建てを賢く処分するは、さきに述べた、要注意な不動産業者のやり口とは逆のことを考えればよい。まずは不動産業者との仲介契約で、必ず一般媒介にすることである。複数の不動産業者に話を持ってゆくことで、できるだけ多くの人の目に物件が触れるようにできる。いまは、どこの仲介業者でもホームページを持っているから、それに掲載してもらえる。

また、新聞の折り込み広告やチラシに、自分の物件を載せてもらって配布してもらうというのも、有効な方法である。また1軒ずつポスティングしてゆくチラシ配布も、依然として有効な方法である。

骨惜しみすることなく、そうした地道なやり方で、買い手となるお客さんを連れてきてくれる、信頼のおける不動産業者と連絡を密にとって、売却を図ってゆくべきだろう。

その17 「二カ所居住」という暮らし方

田舎暮らしがブームだ。人が多い東京や大阪などの都市部を離れて、緑に囲まれた生活を送ってみたいと考えるひとが増えている。

だが、住み慣れた街をあとにして、まったく知らない街に住むというのも、相当に勇気がいるものである。新しいコミュニティーに馴染めるか、といった不安があって当然である。

なにしろ田舎では、近隣との付き合い方が生活の快適度を決める、といっても過言ではないからだ。田舎暮らしでは、自分は自分といって、近所づきあいをしない生き方は許されにくい。

そんなひとにぴったりの、プチ田舎暮らしを楽しむ方法がある。「二拠点居住」というもので、都会も田舎暮らしも享受できるという、第三のライフスタイルである。

◇

神奈川県に住む西口篤さん（60歳）は、そろそろ定年を意識し始めた数年前に、田舎暮らしを考えるようになった。

自宅のマンションは都心に近く、会社まで通勤するのも便利である。いまのところ快適に過ごしているが、ここにきて、週末に薪を割ったり土いじりのできる生活を始めたい、と思うようになった。

そこで考えたのが、山荘を手に入れることだった。

いまは、地方に行けば、バブル期以降に建てられた別荘が手頃な価格で手に入る。その頃に新築で買った第一世代が、徐々に高齢化してきている。使われなくなった山荘が、たくさん売り出されていることを知った。

西口さんは、候補地を探し始めた。数百万円で買ったものを、リフォームして使えばよい、と考えたのだった。

最初に行ったのは、軽井沢である。

軽井沢といえば、日本でもっとも名の知れた別荘地である。そんな軽井沢でも、値頃感のある物件が出ていた。さすがに、軽井沢駅に近い本軽井沢は別格だが、ちょっと離れた場所なら、数百万円の価格で物件が売りに出ているのである。

何軒か内覧したものの、軽井沢は断念した。自宅からふらっとクルマで来られる距離ではない、と思ったのだ。高速を使っても、数時間はかかるからである。

次に訪れた八ヶ岳南麓も同様だった。別荘地に立派な建物はあるのだが、なかには朽ちかけているものも少なくない。見るからに、所有者が来ていないことがわかるものもあるのだった。

さらに、西口さんは拠点探しを続けた。訪れたのが、千葉の房総半島にある別荘地である。海ほたるで知られる東京湾アクアラインを使えば、1時間ほどの距離なのである。200坪の敷地に、平屋の木造3LDKが建っていた。

学校法人の職員のための保養所として造られたもので、この数年は使われていなかった。中に入ると、湿気が充満していたが、構造はしっかりしており、状態は悪くないと思った。

西口さんは、地元の不動産業者にリノベーションの見積もりをとることから始めた。

なにしろ、屋根にはマツの枯れ葉が堆積し、網戸や障子はネズミに食い破られ、野ざらしになっているデッキ部分は朽ち果てかけていたからである。

すると不動産業者は言うのだった。

「大規模な修理が必要ですね。何を措いても、屋根の葺き替えを優先しましょう」

その業者が上げてきた見積もりは、１５０万円という価格だった。

そうは言っても、いまのところ雨漏りはしていないのである。

見積もりを見た西口さんは、自分でリノベーションを、できるところまでしてやろうと決心した。

週末になると、この山荘にやって来ては、屋根に載っているカラマツの葉っぱや枝を掃き落とし、破れていた網戸や障子を張り替え、野ざらしで朽ちかけていたデッキを修理した。

さらには、外観についても、ホームセンターから高圧洗浄機をレンタルしてきて、木製の外壁にまんべんなく噴き付けてゆくと、カビも汚れも落ちて、見違えるくらいにきれいになった。

こうして購入から1年がかりで、自力によるリノベーションを完成させたのだった。

家族とともに、バーベキューをするなどしている。奥さんからは、敷地内に本格的なピザを焼くための土釜を造ってほしいと言われている。

このあと、地元で懇意になった建築士さんに、この山荘を見てもらった。すると、

「屋根も土台部分も、ぜんぜん、だいじょうぶですよ」

とのことである。さきの150万円という見積もりは、いったい何だったのか――。

そう思っていると、建築士さんは言った。

「このへんでは、別荘地価格という言葉があるんですよ」

地元に住んでいる人たち向けと比べて、別荘地での仕事は、ざっと2倍の値段があるというのだ。

◇

このように、戸建て山荘を持つ場合には、地元で信頼のおける建築士や工務店と知

り合いになっておくことが肝要だろう。そうでないと、必要のない工事まで、しかも高い工費を払ってお願いすることになるからだ。

別荘地の物件には、いくつかの利点がある。

近所の煩わしい付き合いというものが、ないのである。別荘地の人たちは、生活の場は都会の別の場所にあるから、他人は他人、自分は自分という感覚で、必要以上にこちらのプライベートに踏み込んでくることがない。

別荘地は、永住することも、もちろん可能である。そうやって、週末の田舎暮らしに慣れてきたら、思い切って、都会の生活を切り上げて移住するという選択肢もある。

似たものに、リゾートマンションの物件を活用するという方法がある。

上越の苗場や富士山に近い山中湖あたりでは、スキーブームやリゾートブームの時期に建てられたマンションがたくさんある。それらも、いま多くが売りに出されている。なかには２ＬＤＫから３ＬＤＫの間取りで１００万円台という、驚くような価格で売りに出されているケースもある。

ここで気をつけたいのは、その管理費の高さだ。月額で数万円と、家賃並みの高さなのである。これでは、定住でもしないと、とても元が取れないと思わざるを得ない。

こういう物件は、所有しているだけでも、年間で数十万円もの費用が掛かってくる。そのコストの重さに耐えきれずに、投げ売りのように売りに出されている場合が多い。

マンションというのは、古くなれば、修繕も必要だし、その積立金も上がってくる。造られてから20年、30年と経過したマンションには、よほどのことがない限り、手を出さないのが賢明と言えるかもしれない。

その18　「賃貸」の事業物件に要注意

東京都の郊外に住む本多充さん（60代）は、新聞広告で見つけた土地活用セミナーに申し込んだ。

本多さんには、先祖から受け継いだ農地があって、1反ほどの畑があるのだが、それを使って、何かできないか、と考えていた。

そんなとき、アパート経営を勧める広告である。アパート経営を始めるかは別として、セミナーに参加して一見する価値はあると思ったのだった。

セミナーに申し込む専用ダイヤルに電話したところ、住所と連絡先を聞かれた。すると、その日のうちに、最寄りの営業所から電話があった。

「本多さまは、どんな土地を所有されていますか？」

と相手は尋ね、いろいろな質問をしてくる。

「当日は、お迎えに上がります」

とまで言われた。

「いえ、だいじょうぶです。ひとりで行くことには慣れていますから」

と丁重に断りを入れて電話を切った。

セミナーがあったのは、品川駅から徒歩で3分のところにある、この会社の会議室である。広い会議室は、異様な雰囲気だった。テーブル席には、自分と同じシニア世代が座り、その後ろには、黒いスーツを着た男たちが、ずらりと並んで立っている。

まず最初に、テレビで見たことのあるシニア世代の経済ジャーナリストが、土地活用とは、まったく関係のない講演をおこなった。その話を聞いていると、なんとなく、勉強した気になってくるから不思議である。

続いて、不動産コンサルタントの講演があった。空き部屋の出ないアパート経営の方法が、この日のテーマである。とにかく借り手を選んではいけないとか、花を飾って荒れたアパートのイメージをぬぐい去れとかいった話である。

会場を出ると、どっと疲れを覚えた。

話を聞いていると、いまの貸しアパート業界が、いかに空室で苦しんでいるのかがよくわかった1日だった。

◇

たしかに、東京でも、もっとも人気のあるJRの中央線の街を歩いていると、賃貸アパートをよく見かける。私鉄沿線でも同様である。

そして注意してみると、最近は、その少なからずが空き家だったりすることがわかる。3、4割、いや、ひどいときには半分くらいが、空室であることを示すように、雨戸が閉められていたり、カーテンが付いていなかったりする。こんなにたくさんの空室があって、ほんとうにやっていけているのか、と他人事ながら心配になってくる。

なにしろ、駅からバス便の立地だと、新築アパートを造って半年くらい経っても、半分も埋まっていない物件を見かけることがある。この様子だと、これから10年、15年後、だいじょうぶなのか、と思わざるを得ない。アパート経営は、投資した資金を、長い期間をかけながら回収してゆくものだからだ。

そんな状況にもかかわらず、不動産業者は、賃貸アパートの物件を建て続けている。

なにしろ、このビジネスは、土地の所有者がアパートのオーナーとなって、その建築費は業者に入ってくる仕組みになっているのだ。

土地を持っていて、それを担保にして銀行から借り入れができるシニア世代が、格好の草刈り場になっている。最近では、サブリースなる巧妙な「手口」も登場している。

完成したアパートは、不動産業者が、たとえば30年間など一括で借り上げて、ちゃんと利益が出るように保証するというものだ。サブリース契約は、大家にとっての収入が保証されているため、それだけ満室になった際の運用益が低くなるように設定されている。

そうは言っても、首都圏で空き家率が3割とも言われているこのご時世に、そんな甘い話があるわけがない。

契約書に、「地域の相場や需要状況などに応じて、随時に変動、増減し」などといった条件をこっそり入れておき、一方的にサブリース契約を解除してしまうのである。その収入がシミュレーションでしかないことが、契約書には、明記されているのだ。

30年後の未来なんて、アパート経営に投資したシニアが健康で生きていられるかどうかもわからない。こうした詐欺まがいの手口に引っかからないためにも、賢いシニアであるためのリテラシーが欠かせない、と本多さんは思うのだ。

第5章

それぞれのシニアライフと「課題」

定年を迎えたシニアにとって、ことのほか大きな問題となるのが、家族との向き合い方である。とりわけ妻とは、つかず離れず、しかし離れ過ぎずの、適度な距離を探りながら、関係を保ちたいものである。

その19 「夫婦」のほどよい距離感を保つ

仙台市に住む大橋哲夫さんは、定年を迎えてリタイア生活に入った数年前に、奥さんから、こう言い渡された。

「定年になったからと言って、平日は家にいないでね。お願いだから、どこかに出かけてちょうだい」

専業主婦として、ずっと家で過ごしてきた奥さんにとって、家は自分の居場所である。そんな奥さんからすると、ずっと夫が家にいて、三食昼寝つきで、ごろごろされては、たまったものではない、と思ったのである。

ところが、困ったことに、いくら考えても、大橋さんには、会社から離れて時間を過ごす方法が思い浮かばない。仕方がないので、大橋さんは、定年を迎えた翌日以降も、毎朝、勤めをしていたときと、まったく同じ時間に家を出て、同じ電車に乗って、会社の最寄り駅まで行った。

むろん、会社の始業時間になっても、やることがあるわけではない。１日中、公園で昼寝をしたり、ハトに餌をやったりする。雨が降ると、映画館で時間をつぶす。グルメガイドの本を見て、それに載っている店に入って、おいしいものを食べたりして過ごすのだ。

そうした日々を数カ月ほど続けているうちに、やがて強い危機感を抱くようになった。こんなことを、ずっと続けていたら、すぐにボケてしまう……。何かしなければ、と思ったのだった。

そんな大橋さんが始めたのが、いろんな習い事を片っ端から習ってみることだった。

市内のカルチャーセンターで、ハーモニカや手品、切り絵といった講座に、日替わりで通う。そうやって、一通りマスターできると、老人介護の施設に、ボランティアとして出かけていっては、腕前を披露するのである。

いまでは、そうしたボランティアを続けることが、大橋さんの生き甲斐であり、夫婦円満の秘訣となっている。

じっさい、リタイアを迎えたシニアの夫婦というのは、距離がとりにくいものである。

下手に、ずっと時間を過ごすことで、相手の嫌な面まで目についてきたりして、関係がこじれてしまうこともある。挙げ句に、熟年離婚の危機を迎えるというケースもあるようだ。

◇

その17で登場した西口さんは、週の平日は、房総半島にある山荘で時間を過ごしている。奥さんは、本来の家である東京のマンションにいる。

現地で知り合いになった老夫婦が、もう作れなくなったというので、その畑を借り受けて、野菜作りをしている。ジャガイモやトマト、ナス、キュウリ、トウモロコシ、サツマイモといったものだ。

ほかに、花も育てている。バラやユリ、ダリアなどだ。春先になると、それは見事なくらい、畑一面に咲き誇る。花を育てるのは手間がかかるし、難しいのだけれど、苦労しながらでも、なんとか育てられれば、それ相応の喜びがあるのだと、西口さんは語る。

畑仕事をしていると、植物の表情がどんどん変わってゆく。そうやって育てたものは、週末になると東京の自宅に持って帰る。すると、奥さんも嬉しそうな顔を見せるし、育てた野菜を使って料理してくれる。

こんな生活を送っているからといって、西口さんは、奥さんとの仲が悪いわけではない。また奥さんは、西口さんが東京と房総半島を行き来していることについても、何も言わない。

将来、夫婦で東京を引き払って、房総半島に引っ越して、余生を過ごそうといったことを考えているわけでもない。奥さんは都会派で、田舎暮らしにはぜんぜん興味がもてないだけなのだ。

夫婦だから年がら年中、ずっと顔を突き合わせていたからといって、その関係がうまくいくとは限らない。すくなくとも、自分たち夫婦の場合は、いまのこの距離感が、お互いにとって快適なのだと語る。

ひとくちに、つかず離れずの関係と言っても、心地よい関係の種類は、それぞれに違っている。その距離感を探りながら、いろいろと試してみることである。そのうちに、もっとも適当な距離感がわかってくることだろう。

◇

定年になって10年になる桜田健一郎さんの場合も、畑仕事をしている。自宅からクルマで30分ほどの距離にある1反ほどの畑を借りて、さまざまな野菜を本格的に育てているのだ。

いま作っているのは、サツマイモが100株、ナスが10株、トマトを30株くらい。それから、ネギや大根、カブ、ニンジンといった具合に、家で食べる野菜のほとんどを栽培している。ほかにも、トウモロコシ、スイカ、大豆、黒豆、しそ、さらにはキウイといったものまで作っている。

畑仕事ばかりではない。季節によっては、山菜などを採りにいくこともある。山ウドの芽をとってきて、挿し芽にして畑に植えておく。そうやって育てたものを家に持って帰り、皮をむいてから、軽く湯にさらして灰汁《あく》抜きをする。それに三杯酢をかけて食べる。

畑仕事をしていると、どうしても生活が規則正しくなるのだと桜田さんは言う。毎朝、4時半頃に起きて、朝食を摂ると、すぐに畑に行って、夏場は午前中の涼しい時間帯に作業をする。

そして午前11時くらいになると、さっと畑仕事を切り上げて家に帰り、お昼を食べる。それから昼寝をする。午後の残りの時間は、好きなことをして過ごす。

そうやって育てた野菜だが、ぜんぶ食べ切ることは、とてもできない。親戚や知人に送ったり、土地を借りている家に持って行ったりする。これが、けっこう喜ばれる。自家栽培の野菜だから、形はいびつだけれども、新鮮な野菜であることに変わりはない。

また、桜田さんの家では、畑で採れた野菜を原料にして、いろんな加工食品を作っている。家で使っている味噌と、飲んでいる野菜ジュースは、ぜんぶ自家製なのである。味噌と野菜ジュースは、ここ数年、買ったことがない、と話す。

畑の野菜作りは、おもに桜田さんの担当だが、これらの加工食品は、奥さんとふたりで力を合わせて作るのだ。とりわけ、しそジュースは、わが家の健康の秘訣なのだと桜田さんは語る。

しそは、一番最初に採った葉を使って梅干しを漬ける。二番目の葉は、ジュースにする。

採った葉を絞って、すぐにクエン酸と砂糖を加える。すると、淡いピンク色のジュースができる。さらに9月になると小さな実がなるので、しそ漬けという佃煮にする。これがまた、よくご飯に合うのだという。

例年、12月になると、大豆が採れる。それを一昼夜寝かしてから、鍋でふかす。そうやって柔らかくしたものを、今度は肉のミンチを作る機械にかけて潰す。これに米麹を合わせて、塩を振ってから、1年くらい寝かせる。

この味噌作りは、奥さんが婦人会で覚えてきたものだった。はじめは大豆を共同で購入して、作業も婦人会で共同でやっていたのだが、奥さんから、

「畑で大豆も作れないの?」

と言われて、自家栽培を始めたのだった。

いまでは畑仕事と、味噌作りは、桜田さんの仕事、しそジュースは奥さんの担当と分担が決まっている。大豆を練る作業には、力が要るからだ。

その20 「子ども」に美田を残すべきか？

かつて西郷隆盛は、子孫のために美田を買わずと言った。

子孫のために、財産を蓄えて残すようなことは、すべきではない、という意味である。よかれと思ってやっても、それが自立心を失わせる結果になるから、という考え方である。

一説には、戯《たわ》け者という言葉は、田を分けることから来ているという話がある。田んぼをこどもに均しく分けていては、その家の財産が、どんどん小さくなってしまうからだ。

だが、いまは均等相続の時代だから、そんなことも言っておれない。

いずれにせよ、親は死んでも、これといった財産はなくとも、ちゃんと子は成長するものである。

自殺した作家の太宰治も芥川龍之介の場合も、子どもたちは、ちゃんと立派に育っている。あまり心配しすぎることはない。なんとかなるものだ、と楽観的に考えたいものだ。

◇

東京都に住む松尾雄一さん（75歳）は、夫婦で3人の子を育て上げた。夫婦共働きだったが、けっきょく家は買わなかった。3人の子は、それぞれ大学に進ませて、いまは、それぞれ結婚して子どももいる。

松尾さんの子どもたちは、ときおり孫を連れて、家に遊びに来てくれる。そういうときは、奥さんが手料理でもてなす。これと言って、ひとに誇れるような財産などないと話す松尾さんだが、子どもたちに人並みの教育をつけてやれたことが、最大の財産ではないかと考えている。

松尾さんの趣味は旅行である。退職とともに、松尾さんが思い立ったのが、世界一周の旅に出ることだった。

と言っても、単独の一人旅ではない。行きつけの喫茶店に、ピースボートの世界一周クルーズの旅のポスターが貼ってあった。これに申し込んだのである。

クルーズの旅は、思いのほか、快適だった。

船内では、いろんなひとと知り合いになれるし、講演会などのイベントも催される。行く先々で、自由時間があって、観光もできた。3カ月かけた世界一周のクルーズ旅は、家と会社の往復だけをしてきた自分にとって、社会を知るためのきっかけになったと思っている。

また、松尾さんは、自分が稼いだ分は一切残さずに、ぜんぶ使い切ってから死のうと考えている。だが、そう考えると、また難題が降ったように湧いてくるのだった。

すなわち、長生きのリスクである。

なにしろ、人間は、自分の寿命を知ることができない。きちんと図ったように、お金を、かっきり使い切って死ぬことなどできない。

病気になるかもしれないし、介護が必要になれば、老人ホームに入居しなければいけなくなる可能性もある。そうした場合に備えて、どれだけ残しておくべきかが、もっか松尾さんの悩みの種になっている。

その21　「海外ロングステイ」という選択肢

お金を使い切るといった考えを、さらに進めたのが、藤江毅さんである。奥さんとふたりで、海外に渡って、ロングステイ生活を楽しんでいる。

藤江さんは、日本にいるときには、住宅会社を経営していた。おもに、自動車メーカーの社員の家を建てる会社である。

ところが、会社の経営をやっていると、世の中の動きに振りまわされっぱなしである。いつの間にか、仕事そのものは人にやらせるだけで、お金を工面することだけが、自分の役目になってしまったのだ、と藤江さんは語る。

いろんな心労が重なったため、この際、会社の経営は、もっとも古株の社員に譲ってリタイアし、お金をぜんぶ使って、自分は生涯を終えようと考えるようになったのだという。

藤江さんが住んでいるのは、フィリピンである。首都のマニラから１００キロ足らずのところにあるリゾート地で、後楽園球場の10倍ほどの広さの土地に、ホテルやショッピングセンター、ゴルフ場、テニスコートなど、あらゆる施設が揃っている。マンションタイプのコンドミニアムもたくさんある。

この土地に、藤江さんは、分譲地を購入した。敷地が500坪あって、建坪は100坪ほどである。購入価格は3000万円だった。

使用人が5人いて、このうちメイドは2人で、あとは運転手とコックと庭師である。日本食が食べられるように、奥さんがコックに日本食を教えている。

藤江さんが、海外ロングステイ生活を送ろうと考えるようになったのは、たまたま週刊誌の巻頭グラビアで、海外移住の特集を読んだことがきっかけだった。「海外にいいところを見つけたい」という連載だったと語る。

◇

だが、はじめは、たんなる憧れにすぎなかった。

正直言って、日本の社会にはほとほと疲れてしまって、お金の心配がないところに行きたい、お金の悩みから解き放たれたいという気持ちが強くあった。

なにしろ、会社の経営なんていうと、聞こえはよいかもしれないけれども、やっているのは、お金のことばかりである。小切手、手形、請求書……。そんなものから解放されたいと思ったのだった。

そんなことから、リタイアするすこし前から、海外のあちこちに出かけていっては、候補地になりそうなところを見てまわった。

あまり日本から遠いところでは、行き来がたいへんである。それから、やっぱり英語が通じるのと通じないでは、大きな違いがある。これらを考えると、オーストラリアとフィリピンのふたつが候補地として残った。

最終的に、オーストラリアをあきらめたのは、白人ばかりの国だからだ。欧米人の間では、日本人は、まだ洗練されているとは見なされていない。レディーファーストとかいった、日本にはない習慣もあるから、馴染めないと思った。

それから、オーストラリアは人件費が高いから、とてもメイドが雇えないと思ったのだ。

フィリピンに下見に行った時には、幸運にも恵まれた。現地に駐在する商社マンと飛行機内で知り合いになって、日本人でも生活できる候補地を10カ所ほどリストアップしてくれた。おまけに、そのひとがクルマと運転手まで貸してくれたから、ずいぶん助かった。

こうして、いまのリゾート地に土地を買って、そこに家を建てるのに2年ほどかかった。そして61歳から、現地での生活を始めた。

フィリピンに移り住んだ最初の2年間は、まったく何もしなかった。

1日中、ただボーッとして日を過ごしていた。手紙1本すら書かなかった。そのための気力すら残っていなかった。行った直後は、そのくらい疲れ果てた状態で、毎日昼寝ばかりしていた、と藤江さんは言う。

だが、まもなく日本語が恋しくなってきた。なにしろ、周囲には、日本人は奥さんしかいないのだ。それで始めたのが、アマチュア無線である。

「ハロー、CQCQ。こちらフィリピン」

とコールすれば、日本にいる誰かが交信に応じてくれる。

その後、藤江さんは、定年後のシニアライフをフィリピンで送りたいひとのための案内人を務めるようになった。日本から大勢の人たちがやってきて、２泊３日くらいを過ごす。

フィリピンほど季候のよいところはない、と藤江さんは言う。南の島でのリタイア暮らしを希望する人たちが、こちらに移り住んで、ちゃんとやっていけるようにする。そんな悠々自適のコミュニティをつくるのが、藤江さんの夢なのである。

その22　「異性」との付き合いを楽しむ

忘れてはならないのが、シニアライフにおける異性との付き合いである。性とどう向き合うかは、意外と重要な問題だ。

東京都内で高校の教師をしていた大竹正之さん（72歳）は、同じ年代のシニアたちで、畑仕事をする会をやっている。先祖代々の畑が1反とすこしあるのだが、その土地をメンバーに開放して、いろんな野菜を作って楽しんでもらっている。

この会の活動は、いつの間にか始まった。畑というのは、何も作らないわけにはいかない。放っておくと、1年ぐらいで、すぐに草ぼうぼうとなってしまう。それで、以前から入っているシニアの団体の何人かに、

「畑仕事を手伝ってくれませんか」

と声を掛けたのだ。すると、あっという間に、大勢の人たちが集まってしまった。

いつもやって来るメンバーは、季節にもよるけれども、だいたい15、16人から、22、

23人といったところだ。このうち、男性は3分の1くらいで、残りは女性である。こうした活動は、どうしても女性のほうが多くなる傾向があるようだ。

作っているのは、野菜全般である。小松菜や春菊、サツマイモ、ジャガイモ、ニンジン、ゴボウ、枝豆。さらには、キウイやオクラも作っている。冬になると、大根や白菜なんかも栽培する。

メンバーには、土起こしから畝立て、種まき、植え付け、そして収穫まで、その都度、来られるときに来て、手伝ってもらっている。5月は里芋の植え付け、6月はジャガイモの収穫といった具合に、おおむね1カ月に1度の頻度で農作業をしてもらっている。

ふだん水をやったり、草むしりをしたりということは、みんなにやってもらうことはできない。だから、そうした作業は、大竹さんがやっている。とりわけたいへんなのが、草むしりだ。夏場の暑い時期に、草むしりをやってくれなんて、なかなか言えない。

野菜を作るためには、種の購入とか肥料の準備といったことも必要だ。そういうことも、大竹さんが事前にやっておく。

収穫した野菜は、みんなに、おみやげとして、持って帰ってもらっている。

大竹さんは、64歳の時に奥さんを病気で亡くして、もっか一人暮らしだから、たくさん野菜が採れたからといって、とても食べきれない。食事は自分で作っているのだが、そのために必要なものを除いて、みんな持って帰ってもらっている。

◇

そんな大竹さんだが、いまの楽しみのひとつに、異性との交際がある。付き合っている女性がいるのだ。

相手の女性もシニアで、配偶者を亡くしている。子どもさんも、すでに独立している。

一緒に食事に行ったり、旅行に出かけたりといった仲なのである。

たまに、都心のホテルでディナーを食べたりする。旅行はもっぱら国内で、近場だと草津温泉とか、遠方であれば、京都とか九州あたりまで行くこともある。同じくらいの年代なので、知らないひとが見たら、夫婦だと思うんじゃないか、と笑う。

ただし、ふたりで旅行に行くと言っても、男女の関係があるわけではない、と大竹さん。まったく精神的なものなのだ、と説明する。

年齢とは関係なしに、シニアでも、そういう異性の友達は必要なのではないか、と大竹さんは言うのだ。いわば、前向きな気持ちになって、生きてゆくための元気の源みたいなものであると。

また、そのひとと再婚するつもりは、まったくないらしい。

結婚となると、また話は違ってくる。双方の子どもやきょうだい、親戚なんかも、ぜんぶ巻き込むことになる。近所づきあいもあるわけで、そうしたことは、いまさら面倒臭い。それなら、再婚ということではなくて、いいところ取りのいまの付き合いのままで、じゅうぶんだと大竹さんは考えている。

だから、その相手の女性が、大竹さんの家に来ることはまったくないし、むろん掃除をしたり、台所に立って手料理を作ってくれるということもない。

その女性とは、シニアの団体でグループでの交際から始まって、数年が経つ。きっかけは、お互いに、気のある者同士であると思ったから、誘ってみたことだった。この年齢になると、目を合わせるだけで、気のあるかどうかが、ぱっとわかるものなのだという。

そうした女性がいるのといないのでは、日々の生活の張り具合がぜんぜん違ってくるものなのだ、と大竹さん。人間は、いくつになっても、たまには特定の異性と酒を飲みに行ったり、食事をしたりしながら、いろんな話をすることが大事なのだというのが大竹さんの考え方だ。

そんなわけで、ふだんは男やもめの生活を続けている。不便なことは少なくない。自治会の当番になったら、近所を集金してまわらなければならない。洗濯や風呂の掃除といったこともあるし、食事の点でも、やっぱり自炊はたいへんだなあと思うことがある。それでも、いまが一番いい時なのかもしれないと思っている。

◇

いっぽう、シニアの年代になってから、再婚するケースもある。東京都に住む三原房子さんは、58歳の時に、元夫と離婚した。その後、61歳で、いまのご主人と再婚している。

前の夫は旅館の息子だった。そのひとと23歳のときに結婚して、旅館を継いだのだが、結婚した直後からたいへんだった。女将として帳場をまかされるようになったのだ。

なにしろ、夫の両親は、三原さんが嫁ぐと同時に隠居してしまった。おまけに、夫のほうは、付き合いと称して飲み歩く生活である。三原さんは、旅館の仕事なんて不慣れで、ぜんぜんわからない。一人前の女将として、やっていかねばならない立場になったのだった。

なにしろ、朝から晩まで、ゆっくりする時間がない。しかも客商売なので、年中無休である。仲居さんに用事を言ったり、板前さんに指示したりと、やらなくてはならない仕事は、いくらでもあった。

夫は、いちおう調理師の免許を持っていたのだが、何でもかんでも、ぜんぶ三原さんに仕事がまわってきた。旅館には、部屋が10室以上あったうえ、数十人も入れる宴会場まであった。お客さんは、連日やって来る。予約の受付から、ご案内、掃除の確認、さらには会計と、女将としての仕事はたくさんあった。

１日の仕事が終わると、同じ敷地内の別宅に住んでいる夫の両親のところに行って、その日の売り上げを渡す。それを確認した姑から、翌日の釣り銭のための小銭を渡される。それ以外は、ふたりとも仕事を一切手伝ってくれることがない。三原さんは、

「おかあさん、せめてお掃除のチェックをしてもらえませんか」

と言った。だが、けっきょく最後まで手伝ってくれることはなかった。

そのうちに、子どもが生まれた。息子に続いて、娘が生まれた頃になると、三原さんの体は、がたがたになっていた。血圧は下がり、ストレスで体全体がむくんで、体重が大幅に増えていた。

◇

それで、三原さんは旅館を出ることにした。すると夫もついてくるという。三原さんたちが出たあとには、不動産の仕事をしていた夫の兄夫婦が呼び戻されて入った。

その後、住み込みで働いたり、自分たちの店を持ったりしたが、商売が軌道に乗り始めると、夫は仕事を中途半端にして遊び始めた。夜になると、お客さんを相手に、花札かマージャンである。

それがたたって、夫は体を壊してしまった。店はやっていけない。快復した時期に、夫に勤めてくれるように言ったが、夫は嫌だという。生活をやりくりするために、一時は行商までやった。

このまま、このひとと一緒にいても、駄目だと思うようになったのは、この頃からである。勤めるのは嫌だというし、だからといって、商売に向いているわけでもない。

いっぽう、三原さんのほうは、この頃からまた体調が悪くなってきた。尿から糖も出て、昼間もつらくて起きていられないほどだった。それで、思い切って夫と別居して、仙台の実家に帰ることにしたのだ。

実家には母がいたから、母親の面倒を見ながら、のんびりした日々を過ごしているうちに、体のむくみもとれて、体重もみるみる減っていった。

健康状態が戻ってくると、どうしても考えるのは、これから生活してゆくためのお金のことである。三原さんが始めたのは、東京での住み込みヘルパーの仕事である。声が掛かったときだけ、働きに行くのである。10日くらいのときもあれば、1カ月くらい続けたこともある。

最終的に、離婚したのは、別居生活を始めてから6年が経ってからである。息子と娘も、学校を終えて社会に出ていたから、親としてやるべきことはやったという思いはあった。それで、話し合いの結果、思い切って別れることにしたのだった。

離婚と前後して、都内に部屋を借りた。ヘルパーの仕事を続けるためには、東京にも住むところが必要だと考えたのだ。

ひとり暮らしを始めたものの、やっぱり寂しさがつきまとう。友達がほしいなあと思って、入会したのが、シニアのサークルだった。中高年の独身男女ばかりが会員になっているもので、ハイキングや食事会など、毎月いろんな催しがある。

そんな会の帰りに、いつも同じ沿線で帰りが一緒になるひとたちが何人かいて、気の合うグループができた。そのメンバーのなかに、いまのご主人がいた。

◇

いまのご主人は、10年以上も前に、奥さんを乳ガンで亡くしている。もとは自衛隊のレンジャー部隊にいたひとで、ヘリコプターで山の中に下ろされて、ヘビを食べたりしながら生活するといった訓練をしていた。最後は2佐（中佐）にまで昇進して、部下も2,300人いた。転勤も十数カ所を経験したという。

定年になったものの、67歳のいまも、都内の医療器具会社に嘱託社員として勤めている。商品発注の仕事をしている。

だが、はじめは、三原さんは再婚するつもりはなかったと語る。男のひとは、もうこりごりだという思いがあったからだ。

みんなで楽しく会っているだけで、じゅうぶんだと思っていた。そんな三原さんたちが親しくなったのは、お見合いの話を持って行ったことがきっかけだった。

三原さんは、彼のお子さんが結婚しないで困っているという話を聞いていた。同じ会のメンバーに、やっぱり子どもさんのお見合いの相手を探しているというひとがいたので、その写真を彼のところに持って行ってあげたのだった。

そんなことをしているうちに、ふたりだけで飲みに行くようになった。それでも、はじめは、どこまでも飲み友達の範囲を超えるものではなかった。

一気に親密になったきっかけは、彼に、家まで押しかけられたことだった。ある日、ぐでんぐでんに酔っぱらった状態で、三原さんの部屋にまでやって来たのだった。そして、こう言われた。「お願いだから、結婚を前提に付き合ってほしい」

じつは、その日もふたりで、居酒屋で飲んでいた。いったん別れたのだが、ところが家に着いたとたん、電話が掛かってきた。場所を聞いて、その場所に行ってみたものの、いないのだ。

家に戻った頃に、また電話があった。酔っぱらったまま、そのへんをほっつき歩いていたらしい。なんとか見つけだして、家に連れてきた。

そのうちに、東京を引き揚げて、仙台に帰ろうと思っていた三原さんだが、友達に相談したところ、「もし、そのひとが真剣に一緒になりたいというのなら、いいんじゃない？」という意見だった。

いまでは、彼が住んでいた家に三原さんも入って、一緒に住んでいる。隣の家には、彼の娘さんが住んでいる。

ひとりで暮らすのと、新しい家族と一緒に暮らすのでは、どちらも、相応のたいへんさがある、と三原さん。ひとり暮らしには、なんといっても自由と気楽さがある。それでも、いまの生活には満足していると語る。

その23　「お墓」をどうするか

さきに、その15で登場した谷さんは、生涯を独身で通したから、家督や財産を譲る子どもはいない。

そんな谷さんが悩んでいるのは、これから、お墓をどうするかということである。谷さんの家にも、先祖代々の墓はある。だが、お墓というのは、参るひとがいてこそのものである。甥も姪もいない谷さんが、このままお墓を維持していたところで、いずれは無縁墓になってしまうだけのことなのだ。

そこで谷さんが考えたのが「墓じまい」である。

墓石そのものは、墓じまいの業者にまかせれば、正規の手続きを踏んで産廃物として処分してくれる。具体的には、細かく粉砕して、道路舗装でアスファルトの下に敷かれる砂利石として再利用される。

だが、遺骨だけは、その墓の継承者が責任をもって、その行方を決めないといけない。

その具体的な方法は、永代供養と散骨がある。

永代供養とは、遺骨を寺に引き渡して、その供養を永久的にお寺に委託するというものだ。預かった遺骨は、合祀墓という場所に入れて、他人の遺骨とともに葬られる。

散骨は、散骨葬とも呼ばれ、その名の通り、海に散骨するというものだ。遺骨を粉末状にすることと、桟橋や漁業、サーフィンがおこなわれているエリアを避けることという、この2点を守れば、とくにどこかに届けるなどの必要はない。

最終的に、谷さんが考えたのも、この散骨である。

ずっと大阪に住んできた谷さんは、住み慣れた大阪の街が望める大阪湾に散骨してもらうことを考えた。散骨のためには、船を出す必要がある。

ほかの散骨者と一緒におこなう合同と、貸し切りでおこなうチャーターの2種類があるが、数十万円でおこなうことが可能だということがわかった。自身の分についても、生前から予約しておこうと考えている。

生涯を現役で過ごしたいというひとは少なくない。死ぬ間際まで、ずっと仕事を続けて、最後はポックリと逝くという人生は、たしかに理想のひとつとして挙げられるだろう。

だが、仕事だけの人生というのも、どこか寂しいものがある。かりに生涯現役を貫く生き方をよしとしたとしても、どこかで、シニアライフを楽しむという、そんな心の余裕は持ちたいものである。

そんなシニア世代が充実した生活を過ごすためのヒントに本書がなればと思いつつ筆を置くことにする。

最後に、シニアライフを快適に過ごすための読書ガイドを一覧にして挙げておく。

古川愛哲『「散歩学」のすすめ』中公新書ラクレ

枝川公一『バーのある人生』中公新書

クリス・アンダーソン『フリー〈無料〉からお金を生み出す新戦略』ＮＨＫ出版
Ｒ・ボッツマンほか『シェア〈共有〉からビジネスを生み出す新戦略』ＮＨＫ出版
バートン・マルキール『ウォール街のランダムウォーカー』日本経済新聞出版社
橘玲『得する生活　お金持ちになる考え方』幻冬舎
三浦展『東京は郊外から消えてゆく！』光文社新書
山下努『不動産絶望未来』東洋経済新報社
井形慶子『老朽マンションの奇跡』新潮社
嵐山光三郎『妻との修復』講談社現代新書

足立紀尚（あだち・のりひさ）
1965年兵庫県生まれ。新聞社勤務などを経て、ノンフィクション作家に。著書に『極楽の日本語』『裏方名人』（ともに河出書房新社）、『牛丼を変えたコメ——北海道「きらら397」の挑戦』（新潮新書）、『修理——仏像からパイプオルガンまで』『プロフェッショナルな修理』（ともに中公文庫）などがある。

シニアライフ入門
「第二の人生」の生活術

2018年4月10日初版第1刷発行

著　者—足立紀尚
発行者—松岡利康
発行所—株式会社鹿砦社（ろくさいしゃ）
●本社／関西編集室
兵庫県西宮市甲子園八番町2-1 ヨシダビル301号 〒663-8178
Tel. 0798-49-5302　Fax. 0798-49-5309
●東京編集室／営業部
東京都千代田区三崎町3-3-3 太陽ビル701号 〒101-0061
Tel. 03-3238-7530　Fax. 03-6231-5566
URL http://www.rokusaisha.com/
E-mail 営業部○ sales@rokusaisha.com
編集部○ editorial@rokusaisha.com

装　幀　鹿砦社デザイン室
印刷所　吉原印刷株式会社
製本所　鶴亀製本株式会社

Printed in Japan ISBN978-4-8463-1237-4 C0095
落丁、乱丁はお取り替えいたします。お手数ですが、弊社までご連絡ください。